PLENAMENTE HUMANO

Steve Biddulph

PLENAMENTE HUMANO

Descubre el poder de tu supersentido
y alcanza tu máximo potencial

URANO
Argentina – Chile – Colombia – España
Estados Unidos – México – Perú – Uruguay

Título original: *Fully Human – A New Way of Using your Mind*
Editor original: Bluebird
Traducción: Pedro Manuel Manzano

1.ª edición Septiembre 2022

Copyright © 2021 *by* Steve Biddulph
First published in 2021 by Bluebird, an imprint of Pan Macmillan, a division of Macmillan Publishers International Limited.
All Rights Reserved
© 2022 de la traducción *by* Pedro Manuel Manzano
© 2022 *by* Ediciones Urano, S.A.U.
Plaza de los Reyes Magos, 8, piso 1.º C y D – 28007 Madrid
www.edicionesurano.com

ISBN: 978-84-17694-74-6
E-ISBN: 978-84-19251-11-4
Depósito legal: B-13.181-2022

Fotocomposición: Ediciones Urano, S.A.U.

Impreso por: Rotativas de Estella – Polígono Industrial San Miguel Parcelas E7-E8
31132 Villatuerta (Navarra)

Impreso en España – *Printed in Spain*

Lo que pensamos es menos de lo que sabemos.
Lo que sabemos es menos de lo que amamos.
Lo que amamos es mucho menos de lo que hay.
—R. D. LAING—.

Tienes el cerebro en la cabeza.
Tienes los pies en tus zapatos.
Puedes dirigirte en cualquier dirección que elijas.
—DR. SEUSS—.

ÍNDICE

Bienvenidos

El objetivo de este libro es ayudarte a moverte con mayor libertad dentro de tu propia mente, «encender las luces» en niveles completos de tu conciencia que apenas habías notado que estaban ahí. Una vez que todas las partes de tu mente estén despiertas, naturalmente trabajarán en armonía y podrás vivir una vida más poderosa, integrada y amplia.

El libro se basa en hallazgos recientes de la neurociencia, combinados con psicoterapia de vanguardia y el trabajo que he realizado a lo largo de mi vida ayudando a personas en las peores situaciones imaginables para que puedan sanar y crecer. Está dirigido literalmente a cualquiera que sienta que hay más en la vida y que podemos hacerlo mejor en este mundo.

En el corazón del libro hay dos ideas. El primero es el supersentido: la manera en que tu cuerpo te envía mensajes, y lo hace cada segundo de tu vida. Estos mensajes son más rápidos, más sutiles y, a menudo, mucho más inteligentes que tu cerebro consciente a la hora de identificar lo que ocurre en ti y a tu alrededor. Sin embargo, la mayoría de las personas los ignora por completo.

El segundo es la mansión de cuatro plantas, una forma fácil de entender y navegar por los múltiples niveles de tu mente y hacer que trabajen juntos en lugar de (como suele ocurrir) machacarte. Este método es tan simple que puede aprenderlo hasta un niño de cinco años, pero tan profundo que puede ayudar incluso al adulto más perjudicado.

El libro está lleno de historias poderosas, viajes y luchas muy parecidas a las que puede que tengas en tu propia vida. Pero no se te pide nada más que ser curioso y leer, aunque se incluyen ejercicios para acelerar las cosas si lo deseas. Es probable que llegues a utilizar las enseñanzas de este libro todos los días del resto de tu vida.

Espero que esta lectura genere cambios en tu vida y que esos cambios se propaguen a tu alrededor, para que juntos podamos mejorar las cosas para nuestros hijos y nietos. Amarnos unos a otros y al mundo natural que nos rodea surge simplemente de darnos cuenta de las conexiones que siempre estuvieron ahí. Tu mente sabe cómo hacerlo, y solo es cuestión de despertarla.

Con amor,

STEVE BIDDULPH

Nota:

Algunos lectores, con razón, quieren saber más sobre el autor antes de depositar su confianza en un libro. Si es tu caso, al final del libro encontrarás algunas páginas sobre mi inusual vida. Siéntete libre de consultar esos pasajes primero, si lo deseas; si no, ya puedes empezar a leer.

Y una advertencia:

Las ideas de este libro son para explorar, sentir y pensar, y no pretenden reemplazar la ayuda profesional.

1

SUPERSENTIDO

Andie Llewellyn, médica de cabecera a tiempo parcial y madre de dos niñas pequeñas, había pasado un día bastante bueno. Sus padres se habían quedado a cargo de los niños y ella se había tomado la mañana libre para ir a la ciudad a almorzar con unas amigas. Ahora se dirigía de vuelta a casa. Se bajó del tren en su estación, en las afueras, y caminó con rapidez y protegiéndose del viento helado hasta el aparcamiento. Rebuscó en su bolso durante unos instantes hasta dar con las llaves, abrió la puerta del coche y entró. Por el rabillo del ojo pudo ver una figura en la distancia, un hombre joven que avanzaba en su dirección.

Cuando arrancó el motor, él había llegado casi hasta la portezuela del automóvil y le estaba diciendo algo y haciéndole señas. Iba bien vestido, era bastante guapo, parecía que le pedía ayuda. ¿Tal vez había perdido algo o necesitaba que le indicara una dirección? Su arraigada costumbre de ser bien educada con los demás tiró de su conciencia: ignorar a alguien no era una opción. Incluso llevó la mano hacia la ventanilla para bajarla. Pero en ese instante sintió en la boca del estómago una leve sensación de opresión y, de manera súbita, casi presa del pánico, aceleró, pasó junto a él dejándolo a un lado y salió a la carretera. Por el espejo retrovisor lo vio de pie allí, inmóvil, mirándola.

Cuando llegó a casa, su corazón todavía latía con fuerza. «¿Qué me pasa?», pensó.

De vuelta en el alboroto del hogar, los cálidos saludos de sus padres y sus hijas pequeñas, Andie se sacó el incidente de la cabeza. Hasta que esa noche vio las noticias en la televisión. Un hombre había sido arrestado por la policía cerca de una estación de trenes suburbanos: su estación. Había intentado secuestrar a una mujer joven a punta de cuchillo, pero ella había gritado y se había defendido y, por una suerte increíble, otras dos mujeres habían entrado en el aparcamiento en ese momento y el hombre había huido. La mente de Andie tardó solo unos segundos en hacer la conexión: casi había sido ella. Y esa pobre otra mujer... El marido de Andie se sorprendió al entrar en la sala de estar y verla temblar y sollozar en el sofá. Juntos llamaron a la policía. Esa noche, dos detectives llegaron a su casa, trajeron fotografías. Pudo identificar al hombre como el que se había acercado a su automóvil. Le agradecieron su testimonio y le dijeron que había sido muy inteligente por haberlo evitado. (Tuvieron el cuidado de no utilizar la palabra «escapado»). Andie temblaba de nuevo cuando su esposo acompañó a los detectives a la puerta.

Andie fue paciente mía cuando yo comenzaba mi carrera de terapeuta. Se mantuvo a salvo y, muy posiblemente, con vida en aquella tarde de viento helado porque escuchó algunas señales muy específicas, literalmente, sus «sentimientos viscerales». Reaccionó de la manera que necesitaba para proteger su propia vida. Fue una respuesta programada, del tipo que ha mantenido viva a la gente durante milenios.

* * *

En la larga prehistoria de nuestra especie, siempre hubo peligros, y necesitábamos sentidos muy afinados para mantenernos a salvo. Un repentino silencio de los pájaros, un leve movimiento de los árboles: primero reaccionamos y luego nuestro cerebro vislumbraba qué hacer a continuación. Escóndete, corre, grita una advertencia. O simplemente relájate y di: «¡Bienvenido a casa!».

Nuestros cerebros son muy buenos en esto: la información que llega a través de nuestros sentidos se procesa y evalúa casi al instante, mucho antes de que tengamos tiempo para pensar o razonar. Este es tu super-sentido, y suma información complicada y sutil para determinar en qué es importante que te fijes. Lo hace cada segundo de cada día. Antes de que la neurociencia lo explicara correctamente, se le ha llamado «intui-ción» o «sexto sentido», pero no lo es. Es una capacidad muy avanzada que tiene tu cerebro, en primer lugar para integrar información sensorial a alta velocidad, luego para compararla con la memoria acumulada de toda tu vida, para ver si le «suena». Entonces, tu supersentido realiza su tercer milagro: te lo hace saber. Desencadena cambios corporales lo su-ficientemente fuertes como para alertarte, de nuevo, más rápido que las palabras, de que es algo muy urgente. Y si, como Andie, eres consciente, estás «en contacto» con tu interior, captarás el mensaje.

A los humanos modernos se nos ha dicho, de innumerables maneras directas e indirectas, que nuestro cerebro es nuestra parte más inteligente. Por «cerebro» nos referimos a la delgada corteza anaranjada (la corteza prefrontal) que está involucrada en el pensamiento verbal consciente, la parte que se ocupa de todo, desde «¿Cerré la puerta?» a «¿Debería con-tratar Netflix?». Esa parte de nuestro cerebro es impresionante, pero comparada con nuestro supersentido es un simple niño esforzado. Tu su-persentido es tan profundamente capaz que entenderlo te dejará boquia-bierto, aunque nos estamos adelantando aquí, porque tenemos un libro entero por delante. Tienes un supersentido, y a lo largo de la lectura de estas páginas aprenderás a aplicarlo a niveles cada vez más altos de tu vida. Solo o en familia, en el trabajo, con amigos y en el mundo. Siempre está ahí, no solo para mantenerte a salvo, sino también para dar información a tus decisiones y maximizar tu felicidad en la vida. Tienes un sistema de guía excelente, sutil y poderoso, y este libro te enseñará a utilizarlo.

Casi lo perdemos

Nuestro sistema sensorial interno es el núcleo mismo de nuestra huma-nidad, de cómo la mente está diseñada para funcionar. Así que es bastante chocante que, en el mundo moderno, nos hayamos olvidado de que estos sentidos existen. En la infancia no nos han animado a escucharlos y ni siquiera tenemos el lenguaje para hablar de ellos. La mayoría de las personas son vagamente conscientes de las señales de advertencia internas: inquietud o recelos; o de las positivas, impulsos o anhelos, pero en su mayoría las ignoramos. Esto no es una nimiedad, sin esa información, bien podemos vivir una vida llena de errores, grandes y pequeños. Podríamos casarnos con la persona equivocada, elegir la carrera errónea, pasar por alto alguna señal de advertencia en uno de nuestros hijos que resulta ser muy importante. ¡O simplemente nos ofrecemos voluntarios para la recaudación de fondos para cualquier causa cuando realmente no deberíamos haberlo hecho!

El supersentido evolucionó para convertirse en el principal sistema de guía de nuestra mente, la forma en que nuestro cerebro sabe lo que está bien o mal para nosotros, lo seguro o lo inseguro. Si perdemos contacto con él, toda una cascada de eventos puede salir mal. No tendremos un fuerte sentido de nosotros mismos, de quiénes somos o qué queremos. Es posible que comencemos a perder el rumbo en las relaciones y descubramos que nuestra familia se está desmoronando. Si ignoramos los recelos internos, podemos perder el contacto con nuestros valores, y pronto sentimos que estamos viviendo una mentira, que nos hemos convertido en una colección de clichés y poses. No tenemos poder ni autenticidad en nada de lo que hacemos. ¿Algo de esto te suena familiar?

> *Sin nuestro supersentido… podríamos casarnos con la persona equivocada, elegir la carrera equivocada, pasar por alto alguna señal de advertencia en uno de nuestros hijos que resulta ser realmente importante. ¡O simplemente somos voluntarios para la recaudación de fondos para una causa cuando realmente no deberíamos haberlo hecho!*

Si es tu caso, entonces este libro te trae un mensaje de esperanza: si estás luchando en cualquier área de tu vida, eso es algo que puede cambiar. Puedes volver a despertar tu supersentido y comenzar a saber quién eres y qué es lo que te importa, y traer de nuevo la plenitud a tu vida. Tu vida puede ser mucho más. Si tienes dudas de que esto sea cierto, permíteme presentarte algunas pruebas que puedes verificar.

En el transcurso de tu vida, es casi seguro que te has encontrado con personas que parecían diferentes y especiales, en el buen sentido. Mucho más vivas y más reales que las que te rodean. Todos nos fijamos en esas personas; de hecho, las percibimos desde el principio, y la evidencia se confirma con el tiempo.

Tales personas a menudo tienen tres cualidades distintas. La primera, su porte: parecen estar conectadas a tierra y vivir sin prisas, su atención está enfocada y están contigo, aquí y ahora. La segunda, su manera de actuar: se toman a sí mismas y los altibajos de la vida a la ligera, pero al mismo tiempo pueden ser sorprendentemente feroces y serias cuando realmente importa. Son protectoras de los demás y del mundo. Te sientes muy seguro con ellas. Y la tercera, son inconformistas: pueden llevarse bien con los demás, pero no viven según las normas habituales. Son fieles a sí mismas y no se limitan a bailar al son de la loca melodía de la sociedad.

Una persona que es «plenamente humana» se destaca entre la multitud. Tales individuos parecen funcionar en un nivel más integrado. Corazón, cabeza y espíritu van en la misma dirección.

Lo que la ciencia del cerebro está descubriendo es que este tipo de vitalidad es un estado neurológico, que tiene más facultades mentales activadas, y que está disponible para todos nosotros. El supersentido es el comienzo, el núcleo donde comienza la personalidad. Una vez que puedas leer tu supersentido, puedes avanzar en tus emociones, en tu pensamiento y en un sentimiento de conexión con todo lo que te rodea. Tu conciencia es como una mansión con muchas plantas, y puedes abrir todas las habitaciones y disfrutar de lo que tienen para ofrecerte. Con tus facultades conectadas de esa manera, automáticamente comenzarás a estar más integrado; las contradicciones entre sentimientos, acciones y valores comenzarán a desaparecer. Serás y te sentirás completo.

Lo que este libro te enseñará implica prestar atención de algunas maneras nuevas, pero no es complicado, incluso un niño de cinco años puede dominarlas. Es un conjunto de herramientas que podrás utilizar durante el resto de tu vida, y te darás cuenta de que marcan la diferencia desde el primer día.

No se trata solo de peligro

Los orígenes de nuestro supersentido se encuentran en lo profundo de nuestra prehistoria. Nosotros, los humanos, no prometíamos mucho en los primeros días, nos limitábamos a merodear por la sabana, romper los huesos que dejaban los leones para extraerles la médula o chupar crustáceos en las orillas de los lagos africanos.

Teníamos los mismos sentidos agudos y el sistema nervioso altamente afinado que un leopardo o un águila de cola de cuña, pero no teníamos garras ni colmillos, y no éramos especialmente fuertes ni grandes. Nuestro lugar en la cadena alimenticia podría haber sido bastante bajo (es decir, ¡habríamos sido comida!), pero había algo a nuestro favor: la habilidad que nos llevaría, literalmente, a las estrellas. Esta habilidad fue la clave de todo lo que los humanos han hecho: medicina, arte, música, pasteles, pollo *tandoori*. Nosotros, los *Homo sapiens*, somos los cooperadores definitivos. Nuestra especie sobrevivió y dominó el mundo porque vivíamos y trabajábamos en grupos familiares muy unidos, que se cuidaban y protegían unos a otros; al menos la mayor parte del tiempo. Solos, éramos insignificantes, pero, como muchos osos de las cavernas aprendieron para su consternación, si te enfrentabas a un humano, te enfrentabas a todo el clan. Trabajar juntos requiere mucha coordinación y habilidad social.

Puedes despertar tu supersentido y comenzar a saber quién eres y qué es lo que te importa, y traer de nuevo la plenitud a tu vida. Tu vida puede ser mucho más.

Entonces, incluso antes de tener palabras, teníamos que saber leernos bien, evitar conflictos, calmar miedos o tensiones. Somos el único animal que tiene el blanco de los ojos visible todo el tiempo, por lo que podemos seguir la dirección de la mirada del otro. Tenemos una gama más amplia de expresiones faciales emocionales que cualquier otra criatura. Esto nos ayuda a medir el estado de ánimo de cada uno, tanto para minimizar los brotes peligrosos como para crear intimidad y diversión, que son muy vinculantes. También somos una especie creativa, juguetona y cariñosa. Una de las cosas que a menudo sorprende a los visitantes de las sociedades cazadoras-recolectoras u otras sociedades indígenas es la calidez, la exuberancia y el afecto natural que muestran los individuos. (Esta fue mi experiencia en Papúa Nueva Guinea en la década de 1970. Y se habla de ello repetidamente en *The Continuum Concept*, el libro clásico de Jean Liedloff sobre la crianza tribal amazónica). Y esto ha estado presente desde que Occidente se ha encontrado con el mundo preindustrial: estas culturas hacen que los habitantes de las ciudades contemporáneas parezcan zombis tensos en comparación. Ellos tienen algo que nosotros hemos perdido.

Hoy en día, todavía utilizamos el procesamiento cerebral ultrarrápido en el que se basó Andie para leer pequeñas señales en el lenguaje corporal de los demás, sus cambios faciales, giros de frase, pequeñas cosas que no cuadran. Así sabemos cuándo nuestro hijo está molesto por algo, o no nos está diciendo toda la verdad; cuando nuestra pareja nos oculta cosas, ¡incluso si es solo una sorpresa de cumpleaños!; cuando un trato o arreglo comercial puede no ser todo lo que parece... Este sistema de señalización llegó mucho antes de que los humanos tuvieran palabras. De modo que el lenguaje de nuestro supersentido es visceral, no verbal. Puede que lo sientas en el estómago, en la mandíbula, en los músculos de los hombros, en los intestinos, en los genitales, literalmente en cualquier parte del cuerpo. Si deseas encontrar tus «sensaciones viscerales», simplemente presta atención a tu cuerpo, especialmente a la línea media (corazón y tracto digestivo), pero pueden estar en cualquier lugar, ya que siempre sucederá algo. Incluso la felicidad tiene un presentimiento.

¿Cómo funciona? Durante todo el día, todos los días, tus sentidos captan grandes cantidades de información, mucha más de la que puedes atender conscientemente. En lo profundo del cerebro, esta información se coteja automáticamente con los recuerdos de toda tu vida. Entonces sucede algo notable. El hipocampo (donde viven los recuerdos) habla con la amígdala (donde viven las emociones) y envía señales a través del nervio vago (en realidad, una vasta red de nervios que alcanza muchos órganos). Todo lo que sabes es que sucede algo físico, de repente, en algún lugar, en tu intestino, tu cuero cabelludo, en los músculos de tus hombros, en los músculos alrededor de tu corazón, o incluso en tus manos o pies, lo que te alerta de que tu cerebro inconsciente tiene algo que decirte. Partes de tu cuerpo se activan y tu mente consciente puede notarlas, cuestionarlas. ¿Qué es? ¿Qué está mal? Es un poder extraordinario esperando a ser utilizado. Una punzada en el estómago puede mantenerse allí durante años, en torno a un tema o aspecto particular de tu vida, y un día te preguntas de qué se trata y te lo dice.

La colaboración entre el sistema límbico (que es completamente no verbal) y todas las demás partes preconscientes del cerebro es idéntica a la de nuestros primos animales: tenemos el estado de alerta y los instintos de un zorro o de un águila, pero también tenemos un neocórtex que puede pensar y razonar. Debemos unir ambos.

El supersentido nunca se detiene, incluso cuando estamos dormidos. No solo trata con el mundo exterior; nuestros pensamientos e ideas internas también le afectan. Estoy seguro de que has experimentado lo siguiente: un sentimiento que simplemente te «irrita» (una palabra muy hermosa) y no desaparece. Puede ocurrir en cuestión de minutos o acumularse a lo largo de los años. Algo no va bien. Y luego, un día, el mensaje irrumpe en nuestra mente racional y verbal:

Este amigo no lo es de verdad.
Nunca más dejaré a mi hijo con esta cuidadora.
Este trabajo no es para mí.
Mi marido es inseguro e irrespetuoso, y ya no aceptaré más esta situación.

A lo largo de los años, me han contado muchos ejemplos que vienen al caso. Este es especialmente conmovedor. Una amiga mía, que ahora tiene cuarenta y tantos años, desarrolló una migraña a los tres meses de casada y la padeció durante casi veinte años. Entonces, un día, descubrió que su esposo tenía una amante. La aventura había comenzado poco después de casarse. A las pocas semanas de hacer el descubrimiento, sorprendida y traicionada, se separó de él. Las migrañas se detuvieron y nunca han regresado.

Nuestros cuerpos son cosas asombrosas y nos hablan todo el tiempo. Si no los escuchamos, entonces se ven obligados a gritarnos. Por fin, el lento cerebro consciente se pone en línea y determina los siguientes pasos que debemos tomar. Pero primero había que despertarnos.

¿Siempre funciona?

Es importante decir aquí que este sistema de procesamiento sensorial no es infalible, y así que es igualmente importante poner en marcha tu cerebro lógico con rapidez. Tu sistema de alarma puede estar contaminado por experiencias pasadas que en realidad son aleatorias y te hacen dar respuestas atípicas. Emma Shirer era una niña de seis años que vivía en Londres durante el Blitz. A Emma se le había prohibido, desde que podía recordar, tirar de la cadena porque era demasiado baja para alcanzar la cadena sin subirse al borde del asiento del inodoro. Pensaba que aquello era injusto y vergonzoso y, una noche, lo hizo de todos modos. En ese mismo momento, un misil alemán V-2 impactó en la casa de al lado. Toda la pared de su casa desapareció y ella se quedó mirando al cielo abierto, ¡todavía sosteniendo la cadena en la mano! Conocí a Emma cuando tenía setenta años; me dijo que tuvo problemas para tirar de la cadena de los inodoros o, de hecho, para hacer algo un poco desobediente, durante muchos años después.

A veces, conocemos a una persona que nos «desencadena» porque hemos tenido alguna experiencia previa (a menudo llamada «bagaje») con alguien similar en el pasado. Debemos verificarlo con cuidado, porque puede ser cierto o puede no serlo. Yo tiendo automáticamente a que me gusten las personas con acento escocés y a confiar en ellas, porque un joven trabajador escocés llamado Jean Grigor me ayudó durante un período difícil de mi adolescencia.

El recientemente identificado fenómeno del «sesgo inconsciente» (por el que, sin siquiera saberlo, asumimos cosas sobre las personas, buenas o malas, según la raza, el género, la religión, etc.) es un muy buen ejemplo de este bagaje. Está claro que es muy importante arrojar luz sobre nuestras respuestas inconscientes sobre la raza, el género, la clase y miles de «categorías» en las que incluimos a las personas. Hace muchos años, traté a veteranos de Vietnam que, debido a la intensidad y el terror de aquella guerra (en la que nunca sabías quién era tu enemigo), se habían vuelto terrible y comprensiblemente hipervigilantes y se alarmaban en exceso ante individuos de todos los pueblos asiáticos. Estos hombres necesitaban conocer a los refugiados vietnamitas como amigos, o regresar a Vietnam en tiempos de paz para desmontar sus recuerdos de estas falsas asociaciones. Su amígdala, el lugar del cerebro donde se genera el terror, debía aprender de nuevo que podía estar seguro, feliz y divertirse con personas con rasgos asiáticos, y con las vistas, olores y sonidos de esos países. Trabajar la idea de «¿Esto es real o es bagaje?» es importante para todos. Pero nunca debes anular tu sistema de alarma sin antes revisarlo. Funcionamos mejor cuando entramos en una especie de diálogo con nuestro super-sentido, interrogándolo para encontrar qué hay en el fondo de esos sentimientos. Siempre tiene algo que decirnos y, en ocasiones, cambiará nuestra vida.

> *Y luego, un día, el mensaje irrumpe en nuestra mente racional y verbal: este amigo no lo es de verdad. Nunca más dejaré a mi hijo con esta cuidadora. Este trabajo no es para mí.*

A medida que aprendas en estas páginas a escuchar más atentamente las señales de tu cuerpo, te deleitarás con lo instantáneos, útiles y específicos que son sus mensajes. Detenerte para sintonizar tu supersentido requerirá que disminuyas un poco la velocidad, pero evitará muchos errores que te harán perder el tiempo. Si piensas en tu vida, casi todos tus «accidentes» o «complicaciones» habrán estado acompañados de señales de advertencia tempranas que dejaste pasar. Ignoraste tu supersentido y pagaste un precio muy alto. También es cierto para las decisiones realmente importantes: qué títulos estudiar, en qué tipo de trabajo trabajas, dónde eliges vivir y en quién eliges confiar o con quién mantienes una relación íntima. Por esa razón, ir despacio realmente te ahorrará tiempo, al evitar así muchos giros equivocados. Y hará que la vida sea más rica: la comida lenta, la escuela lenta, el sexo lento, las vacaciones lentas y la vida lenta pueden conducir a tiempos sorprendentemente emocionantes, porque sentirás y discernirás cuál es realmente la mejor manera de avanzar en tu vida. En resumen, el supersentido es una fuente inagotable de guía vital. Se puede utilizar cada segundo de vigilia, y en los próximos capítulos aprenderás cómo hacerlo.

En resumen

En pocas palabras, nuestros antepasados nos legaron una herramienta maravillosa. Y en el corazón de esto está nuestro supersentido, que lo lee todo y lo pone junto. Pero el mundo moderno nos ha vuelto estúpidos; no hemos sido criados ni educados para saber leer nuestros propios indicadores, o escuchar nuestras propias microseñales. Es probable que hace un cuarto de millón de años un niño cazador-recolector de ocho años de edad fuera mucho más funcional, capaz e inteligente que tú o yo.

Hacer que esa herramienta funcione es de lo que trata la verdadera psicoterapia. La recuperación de mi paciente Andie implicó la activación de recursos en todos los niveles de su ser: su corazón, su mente y su sentido de conexión con el universo. Había muchas emociones enredadas dentro de ella. No solo por la experiencia del aparcamiento, sino por todo su condicionamiento infantil. Debía examinar de nuevo su manera de pensar sobre el mundo en el que vivía. Y emergió, no solo «reconstruida», no solo «normal» otra vez (qué idea tan aburrida), sino como un individuo aún más distintivo, con una mayor sensación de vitalidad, un sentimiento de propósito y preocupación por los demás seres humanos. Más espiritual, pero en un sentido terrenal y pleno. Todos a su alrededor pudieron ver el cambio. No estaba simplemente curada, había pasado de ser solo una buena persona a una bastante asombrosa.

Todo lo que sucede en nuestras vidas, incluso el horror y la tragedia, puede utilizarse para llevarnos más alto y hacernos más libres, sabios y agudos. Sin embargo, no necesitamos sufrir una experiencia aterradora para estar completamente vivos. Los bebés comienzan de esa manera. Podemos aprender a mantener esas cualidades en nuestros hijos, a nutrirlos para que se mantengan salvajes y libres. Y podemos despertar esa vitalidad en nosotros mismos. Eso es lo que vamos a explorar en los próximos capítulos.

EJERCICIO DE REFLEXIÓN SOBRE
EL SUPERSENTIDO N.º 1

Mirando hacia atrás en tu vida, a veces habrás experimentado dudas o simplemente una molestia sobre alguna decisión o situación a la que te enfrentaste. Elige un ejemplo y dale una breve descripción, como...

«Esa persona que conocí en...

«Esa decisión que tomé sobre...

«Esa época de mi infancia cuando...

Ahora, si te sientes cómodo haciéndolo, evoca ese recuerdo más vívidamente en tu mente. Mientras lo haces, observa si ahora experimentas alguna señal o respuesta corporal real. ¿Puedes describir la sensación del cuerpo con palabras: dónde está y su calidad o naturaleza?

Por ejemplo, una especie de opresión en el estómago... una presión en la frente... el corazón acelerado... Por lo general, registrarás con claridad una diferencia.

Tómate un minuto más o menos para sentir eso, y mientras le prestas atención, observa lo que hace, cómo se mueve o cambia. Por fin, parpadea y mira un poco a tu alrededor, siente tus pies en el suelo e inhala y exhala lentamente para dejar ir el recuerdo.

Nota que, sí, sientes esas «luces de advertencia» que se encienden en tu cuerpo. ¿Quizá puedas notarlas aún más? Son útiles para vivir tu vida.

EJERCICIO DE REFLEXIÓN SOBRE
EL SUPERSENTIDO N.º 2

Piensa en un desafío o situación que tengas en tu vida en este momento. Algún problema actual, grande o pequeño, laboral, doméstico o personal, al que te enfrentas o te ocupa la mente. Al pensar en ello, ¿qué sensaciones corporales notas? ¿Dónde están ubicados: hombros, cuello, vientre, cara, pecho? Ahora busca la palabra que mejor los describa: opresión, calor, aceleración, tensión, pesadez, desgarramiento, vacío... Hay miles de palabras.

Solo presta atención a ese lugar y observa si, cuando lo nombras, cambia o permanece igual, o se fortalece. Más adelante en el libro, te ayudaremos a cambiar estas sensaciones mientras aprendes qué es lo que están tratando de decirte. Toma la actitud ahora mismo de que este es tu lado sabio pero animal, salvaje, haciéndote saber algo, tratando de enviarte un mensaje. Envía pensamientos amistosos a esa parte de ti mismo: se convertirán en grandes amigos y serán aliados muy útiles para vivir tu vida.

2

VIVIR EN LA MANSIÓN

En casi todas las carreras o trabajos de hoy en día, te envían a cursos de desarrollo profesional de vez en cuando. Tienden a ser asuntos aturdidores que te hacen pensar en ello desde antes del desayuno. Lo sé porque hace algunos años me contactaron para hablar con equipos. El equipo puede estar formado por comadronas, maestros, directores de funerarias o policías de alto nivel. «¿Por qué yo?», preguntaba, y podía imaginarme la sonrisa cómplice incluso por teléfono. «Porque», explicaban, «hemos oído que no aburres a la gente hasta que se duermen».

En aquellos días, tenía bocas que alimentar y acogía con beneplácito esos encargos. Pero no tenía ni idea de cuál era el trabajo de los directores de funerarias o de las comadronas. ¿Qué podría enseñarles que les ayudara en trabajos tan exigentes y especializados? La respuesta no fue difícil de encontrar: era «ser humano». Las habilidades interpersonales (comprenderse a uno mismo y a los demás) son una herramienta tan vital para un oficial de policía como para un miembro de una familia real o un anestesista.

Eran personas inteligentes, a menudo mucho más inteligentes que yo, por lo que siempre me mantuve en una posición de respeto por su experiencia de vida. De pie frente a la audiencia, cuando llegaba el día, después de las debidas presentaciones, comenzaba pidiéndoles que respondieran una pregunta engañosamente simple: «¿Qué es un ser humano?». La gente se quedaba un momento desconcertada, y luego empezaba a garabatear. Después de un par de minutos, les pedía que dijeran lo que habían escrito.

Las respuestas de algunas personas eran concretas y simples: un ser humano es un animal, un mamífero de dos patas, o algo por el estilo. Otros decían que somos seres sociales. Los más idealistas de la sala añadían que tenemos un enorme potencial y que crecemos y aprendemos. Algunos señalaban que tenemos emociones y valores, y sueños. Algunos se aventuraban en dominios espirituales: que somos creados por Dios o somos hijos de Dios o, en lenguaje secular, que somos una mezcla de mente, cuerpo y espíritu.

Sin embargo, no es un ejercicio trivial, porque nuestro modelo de lo que es un ser humano moldeará poderosamente tanto la persona que somos como la forma en que tratamos a los demás. Quien tienda a la depresión tendrá una idea deprimente de lo que es un ser humano, y el bondadoso tendrá una visión bondadosa. La persona enojada y resentida tendrá una visión bastante mala. Notarás de inmediato que algo importante está pasando aquí. Si no piensas mucho en los seres humanos, entonces en el fondo tampoco piensas mucho en ti mismo. No es difícil ver cómo esto puede reforzarse a sí mismo y realmente salirse de control. Me repito aquí porque no quiero que te pierdas esto: lo que crees que es un ser humano es probablemente lo más importante de ti, porque determina cómo tratas a todos los que conoces y cómo te tratas a ti mismo. Por lo tanto, debes estar absolutamente seguro de que no tienes una idea equivocada sobre un hecho tan importante.

He tenido muchos pacientes a los que de niños o adolescentes les decían sus padres, con mucha fuerza y reiteración, que eran «inútiles», o algo por el estilo. Pocas personas salen de ese tipo de infancia sin algunas cicatrices graves. Pero incluso un niño que viene de una familia amable y amorosa todavía debe lidiar con los mensajes del mundo más grande. La cultura que nos rodea nos dice esencialmente que somos solo un gran apetito o un gran ego. Si caemos en esto, y pocos pueden ser completamente inmunes a ello, nunca seremos felices. Si queremos vivir una vida plena, es fundamental que tengamos la mejor y más completa visión de lo que es un ser humano, lo que somos nosotros mismos. El objetivo de este libro es expandir drásticamente tu visión de lo que hace a un ser humano, de lo que te hace a ti.

Las personas que participan en mis seminarios de capacitación siempre, sin que haga falta darles pistas, llegan a la conclusión de que los seres humanos tienen múltiples dimensiones, que hay capas o niveles en lo que somos. Y esto es definitivamente cierto desde el punto de vista de la neurociencia; la estructura de nuestro cerebro y, por lo tanto, nuestra conciencia, la forma en que funciona nuestro cerebro, tiene distintas capas. Las viejas estructuras primitivas de los reptiles yacen debajo, mientras que más capas de mamíferos (de sangre caliente y de corazón cálido) están encima de ellas, y luego las capas verdaderamente humanas de comprensión y empatía están en la superficie más externa. Coincide con nuestra evolución: las lagartijas no abrazan ni alimentan a sus crías, los mamíferos sí. ¡Pero los erizos y los tejones no se preocupan por encontrar una buena escuela para sus crías!

Tenemos capas: ¿y qué?

Podrías pensar: bueno, sí, en cierto modo lo sabía; soy un ser multidimensional, seguro. Tengo una parte pensante, una parte emocional, etc. Pero, ¿cómo ayuda eso? La respuesta es que, si bien podemos apoyar esta idea de palabra, en realidad la mayoría de las personas hoy en día ignoran o descuidan sus niveles. La persona promedio está atrapada en un pequeño rincón de su mente, por lo general en una burbuja rancia y áspera de diálogo interno que da vueltas y vueltas, mientras que una maravillosa riqueza de vitalidad y conexión permanece sin usar a su alrededor.

Nuestra cultura ha eliminado áreas enteras de la conciencia que estaban disponibles para alguien que vivió hace cincuenta mil años y, en algunas culturas supervivientes, todavía lo están. A lo que prestamos atención y lo que ignoramos está fuertemente condicionado a medida que crecemos y, por lo general, nuestros padres no prestaron atención ni nutrieron muchos aspectos de nuestra conciencia, si es que los conocían. Por ejemplo, algunas familias nunca tienen conversaciones sobre emociones. Esos temas estaban completamente ausentes en mi infancia en la década de 1950. Mi esposa, Shaaron, tuvo una infancia mucho más dura; los niños se preparaban su propia comida y limpiaban la casa, ya que sus padres estaban muy ocupados trabajando para sobrevivir. No recuerda un solo caso en el que sus padres le hayan preguntado cómo estaba o cómo le había ido el día. Pero incluso en familias muy normales de hoy en día, la mayor parte de lo que sucede en el interior de un niño no se investiga. Los adolescentes también se cuestionan cosas y poseen necesidades de tipo espiritual que nunca tocamos. Sin poder sacar su mundo interior, afirmarlo y darle un lenguaje para expresarse, los jóvenes se vuelven como un tigre criado en una jaula, enormes energías sin explotar, grandes potenciales enterrados. Los mundos interiores de la mayoría de las personas de hoy en día están marchitos y muy lejos de realizarse.

Por supuesto, a algunas personas les va mejor que a otras. En mi libro *Raising Girls* y en las conferencias que imparto al respecto, cuento la historia de una adolescente, Genevieve, cuyo novio comienza a presionarla para que tenga relaciones sexuales. Está profundamente confundida y le pregunta a su madre qué debe hacer. Su madre le dice algo muy sabio: «Bueno, cariño, por lo general, en algún lugar en el fondo, tu cuerpo sabe lo que es correcto para ti». Y al instante, la hija lo sabe. Siente cariño por ese chico, pero no se siente lista para tener sexo con él. Está claro como el cristal. Cuando describo esto a mi público, se puede escuchar un suspiro de reconocimiento en el auditorio.

Lo que crees que es un ser humano es probablemente lo más importante de ti, porque decide cómo tratas a todos los que conoces y cómo te tratas a ti mismo.

Pero la mayoría de las personas no son criadas con conciencia de sus múltiples capas (la física es solo una de muchas). Piensa en cuántas veces en la vida has hecho algo o elegido algo cuando una gran parte de ti gritaba «¡No!». O no has hecho algo cuando una gran parte de ti exclamaba «¡Sí!». Y así terminamos viviendo de una manera muy poco natural y extraña, obedientes y conformistas, borrando grandes áreas de nuestra conciencia. Las herramientas poderosas para vivir pasan bastante desapercibidas.

Aquí también hay un problema más profundo. Si ignoramos una parte de nosotros, nuestros sentimientos, nuestro cuerpo, nuestros valores, nuestra sexualidad o nuestra espiritualidad, esa parte no permanece inactiva. Continúa ejerciendo una fuerza sobre nosotros, ¡pero sin que nos demos cuenta! Es como un motín interior, que no podemos leer ni integrar. Y dado que algunas de esas capas son muy poderosas, podemos resultar muy perjudicados, profundamente en conflicto y confundidos. Y así no sumamos como seres humanos. Nuestra vida no tendrá sentido. Cuando no accedemos a todas las áreas de nuestra propia mente en capas, nuestras vidas pierden su integridad. Otros nos perciben como incongruentes, poco fiables. Nos convertimos en sonámbulos de nuestras propias vidas. Y al perder nuestro poder de esa manera, nos esclavizamos fácilmente.[1] La vida hipercapitalista (apresurada, estresada, consumista) les cobra un precio terrible a las familias, y que simplemente asumimos como algo normal. Y si es normal, entonces debe de haber algo mal en nosotros, y en nuestra familia, que no podemos evitar. Así como las mujeres en la década de 1950 pensaban que debía de haber algo malo en ellas cuando no se sentían satisfechas con los delantales, las fregonas o los fogones, los hombres y mujeres contemporáneos se sienten inadecuados porque no pueden soportar la dureza solitaria y competitiva de la vida del siglo XXI. Nuestros hijos también están creciendo en un mundo

---

1. La galardonada periodista Madeleine Bunting escribió un libro maravilloso sobre esto titulado *Willing Slaves: How the Overwork Culture is Ruling Our Lives*, Harper Perennial, Londres, 2005.

que es cada vez más desagradable, agresivo y castiga a todos los que no cumplen con los estándares imposibles en cosas que realmente no importan en absoluto, como la moda, la forma del cuerpo, las posesiones.

La consecuencia directa son muchos problemas realmente terribles que el lector reconocerá: divorcio, ansiedad y estrés en los niños, rebelión y autolesiones en los adolescentes. Las personas integradas y en contacto con su poder no se conforman con el modo de vida que se les entrega, buscan algo mejor. Empiezan a marchar al son de un tambor diferente. Estas son las personas que cambian el mundo. Nuestra esperanza radica en que cada vez más de nosotros hagamos precisamente eso.

Cuando aprendemos a incorporar y utilizar todas las capas de nuestra humanidad, pueden suceder cosas asombrosas, encontramos nuestro propio ritmo y poder. Así que ahora es el momento de exponer para ti cuáles son esos niveles y capas, y cómo moverse en ellos. Es hora de contarte qué es la mansión de cuatro plantas.

Las cuatro plantas de tu casa humana

Nuestras mentes son complejas y, por lo tanto, para administrarlas necesitamos herramientas simples y prácticas, manijas que podamos agarrar. Durante muchos años me esforcé en encontrar un lenguaje o una forma de reunir los hallazgos de la neurociencia, por un lado, y los métodos de la psicoterapia, por el otro, en un solo sistema que pudiera ser utilizado por cualquiera y en cualquier situación. Un modelo o mapa lo suficientemente simple como para explicárselo a un niño pequeño y tan flexible como para que, en un mal día o en una emergencia repentina, puedas utilizarlo y te ofrezca ayuda inmediata. Y por fin lo encontré en un rincón profundo de mi cerebro: la metáfora de la mansión de cuatro plantas.

La idea me encantó desde el principio, y la utilizo y enseño todo el tiempo. Probablemente como tú, he tenido cosas serias con las que lidiar en mi vida, y hasta ahora este modelo me ha ayudado mucho. (Y, viviendo en un momento de crisis humana, mientras yo mismo envejezco, se vuelve más relevante cada día).

Así que comencemos el recorrido. Ahora mismo, sentado ahí leyendo este libro, prueba lo siguiente. Observa cómo estás sentado, si estás cómodo o incómodo. (Si quieres cambiar de posición, simplemente hazlo). Sigue observando tu estado físico general. ¿Cuáles son las sensaciones que puedes sentir en tu vientre? ¿Tu espalda? ¿Qué expresión hay en tu cara? ¿Respiras bien?

Los cimientos de quien eres, la planta baja de tu mansión, es un cuerpo físico de mamífero que actúa y siente. Necesita comida, necesita dormir, necesita moverse, bailar y jugar. Necesita hacer el amor y hacer música. Tiene que estar en la naturaleza. Esto parece muy obvio, pero a menudo las personas ignoran o descuidan esos aspectos de su vida y se preguntan si las cosas no van bien. Más adelante dedicaremos un capítulo a despertar y desarrollar vías neuronales más ricas en tu yo físico, y encontrarás que esto se convierte en un recurso más animado y placentero, así como una manera de procesar todo tipo de dificultades y restaurar equilibrio y bienestar. Por ahora, solo sé consciente: la primera planta es tu cuerpo. ¡Siempre está ahí, y siempre vale la pena visitarlo!

Ahora, subamos otra planta más en tu mansión. A continuación, surgiendo de tu cuerpo, pero con una planta propia, tenemos el nivel emocional, el «corazón», lleno de sentimientos. Los sentimientos surgen de tu cuerpo, pero son diferentes de las meras sensaciones. Por ejemplo, puedes estar hambriento y complacido, ya que estás a dieta o en un ayuno saludable, y todo va bien. O puedes estar hambriento y furioso porque te has alejado de tus cosas en la playa y las gaviotas se han comido tu almuerzo. O puedes tener hambre y miedo, porque estás de excursión y te has perdido, y la comida se está agotando. Misma sensación, distinto significado.

Las emociones son un nivel distinto y más intenso que la mera sensación. Significan algo que es importante entender. Las emociones (miedo, ira, tristeza y alegría) te dicen la verdad profunda sobre algo, generalmente aquí y ahora. También te dan energía que te ayudará a superar una situación. Las emociones son un tipo de inteligencia, y son especialmente importantes para relacionarse con los demás. Te daremos una guía efectiva sobre las emociones en el capítulo dedicado a la segunda planta de tu mansión, para que puedas hacer que tus sentimientos trabajen para ti en lugar de que tú trabajes para ellos.

LO QUE SIENTES EN EL ESTÓMAGO
Y LAS EMOCIONES PUEDEN ENFRENTARSE

Es importante tener claro que tu supersentido no es lo mismo que tus emociones. Es más profundo que tus emociones, más hondo, si quieres, y más inclusivo y holístico. Aquí tienes un ejemplo…

Roisin tiene treinta y dos años y ha mantenido una relación con Iain durante tres años. Él es amable, ella se siente cómoda y confía en él. Pero a ella le preocupa el pensamiento recurrente de que él no es el hombre adecuado para ella. Ella lo encuentra, en una palabra, aburrido. Últimamente, estos sentimientos se han vuelto más fuertes. Algo dentro de ella chirría cuando piensa en pasar el resto de su vida con él. Su instinto dice, en efecto: «Necesitas a alguien con más fuego y propósito». Pero sus emociones, cada vez que surge este pensamiento, son de miedo, de perder la relación y de quedarse sola. Así que sus sentimientos le dicen «Quédate», pero su supersentido le susurra «Nunca serás feliz con este hombre». Este mensaje parece provenir de un lugar más profundo y sabio, pero más silencioso, que las emociones.

Cuando tenemos estos mensajes en competencia dentro de nosotros, no se trata de que uno tenga razón y el otro no, sino más bien de un proceso que debe ser atendido y que hay que permitir que se desarrolle. Hay que continuar escuchando el propio interior y demostrar honestidad con la pareja, para ver cómo van las cosas.

Después de un tiempo, Roisin e Iain se separan, y lo hacen con amabilidad y sin recriminaciones. En los meses que siguen, Roisin siente cada vez más claro que la relación no era la adecuada para ella, y se siente más feliz, más auténtica y fuerte estando sola otra vez. Estar sola es un desafío, y ella todavía espera tener algún día una relación que encaje mejor. Pero tendrá que ser la relación adecuada. Curiosamente, después de que se separan, Iain deja su trabajo y él también emprende algunas aventuras para vivir una vida más activa. (Los terapeutas familiares que lean esto sonreirán, porque saben que ningún ser humano es «aburrido», pero todos podemos quedar atrapados en un sistema en el que no somos nosotros mismos por completo).

En este caso el mensaje principal es: si Roisin hubiera «escuchado sus emociones» sola, se habría quedado estancada. Su supersentido tenía un mensaje diferente. Tardé un tiempo en identificarlo, pero significó una gran diferencia. Ninguna parte de nuestra mansión tiene el cuadro completo, pero si consultamos todos los niveles, es más probable que las cosas salgan bien.

Ahora, subamos otra planta, hasta tu cabeza. Aquí, en el tercer piso, plantado sobre tu cuerpo y tus emociones, tienes un cerebro que piensa (aunque no siempre muy bien). Es tu corteza prefrontal, tu cerebro ejecutivo y analítico. La mayoría de las personas, cuando piensan en sí mismas, piensan en sus pensamientos. Pienso, luego existo. ¡Pero nada podría estar más lejos de la verdad! Necesitamos urgentemente pensar mejor, y espero que este libro te brinde algunas herramientas poderosas para agudizar y hacer crecer esa capacidad. Pensar es la manera en que damos sentido a nuestras vidas, y también la manera en que nos comunicamos con los que nos rodean, expresando las cosas en palabras y comunicándolas. Escuchar y cambiar en respuesta a los pensamientos de los demás nos ayuda a relacionarnos bien, y también a actualizar o desafiar nuestra propia perspectiva. Las palabras son un puente para el resto de la raza humana. La tercera planta de nuestra mansión es un lugar animado y chispeante. Pero atención, un mensaje importante: no es ni remotamente la totalidad de ti. Es solo una herramienta, y tu verdadero yo es mucho más que tu forma de pensar. Como en una gran corporación, el director ejecutivo importa, pero solo si todos en el lugar participan plenamente y trabajan juntos. A medida que el cerebro aprende a respetar al resto de las partes, entonces las cosas realmente pueden comenzar a funcionar bien.

La azotea

Ahora, tras explorar las tres plantas de la mansión, muchos dirán: «Eso es todo, entonces. Cuerpo, emoción, pensamiento: ese es todo el paquete humano». Pero no lo es, ¡hay más! En lugar de pensar en ti mismo, piensa ahora en el exterior, en el mundo que te rodea: personas, cosas y más allá, en el cielo y las estrellas. Luego piensa en el interminable recorrido del tiempo, pasado y futuro, y en la cadena de vidas que te han precedido y te seguirán. Desde esta perspectiva, no es difícil que te des cuenta de que eres un evento muy pequeño en un universo muy grande.

Pero, al darte cuenta de esto, como todos hacemos tarde o temprano, las personas a menudo cometen dos grandes errores. El primero es que se sienten intrascendentes. Y el segundo es que piensan que están solos en un mundo grande e indiferente. Y el paso siguiente puede ser deprimirse mucho. El suicidio, el final más trágico, llega cuando todo se ha reducido a nada: la muerte por soledad. En la mayoría de los países modernos, el suicidio es un problema inmenso, que se cobra miles de vidas cada año. Muchos otros problemas menores (la codicia, la adicción, la ansiedad, el egoísmo) también son el resultado de esta manera errónea de pensar en uno mismo.

Entonces, déjame decirte algo, aquí y ahora: no estás aislado ni eres intrascendente. Eres tan parte de todo como una hoja es parte de un árbol, o una gota de agua lo es del océano. Sin las hojas, no hay árbol. Sin las gotas de agua, no hay océano. Así que es muy importante, si vamos a ser realistas y racionales en nuestras vidas, que tengamos esto en cuenta. Somos parte de algo grande, vamos a un lugar grande, y nuestras vidas prosperarán, e importarán, si estamos sintonizados con esto. La vida es un baile, una fiesta que espera que nos unamos, y también es un proyecto que necesita nuestra contribución: el proyecto de la prosperidad humana. Este libro te brindará maneras no solo de comprender esto desde la vertiente intelectual (porque eso es un escaso consuelo), sino de experimentar realmente una sensación sentida de disolverse en la exuberancia que es el mundo natural, y en la hermandad que es la humanidad, para que nunca te sientas solo. Del mismo modo en que las grandes tradiciones religiosas tienen el amor en su centro, tan a menudo enterrado, pero aún brillando, tú también tienes amor que dar y recibir.

La cuarta planta de nuestra mansión, donde nos conectamos con todo, es el hogar de nuestra espiritualidad. El lugar donde, ya sea por suerte o gracia, o por trabajo duro, tienes la sensación de que estás conectado con todo lo que te rodea, con la unidad sagrada de todo. No se trata de una cuestión de fe, sino simplemente de un sentido directo de comunión y pertenencia al mundo, con el que nacemos y que, con suerte, podemos seguir conociendo a medida que transcurre nuestra vida.

Hay una razón por la que la espiritualidad está en la última planta: este sentido es esencial para hacer que nuestros sistemas cuerpo-mente funcionen como deberían. Así como tu teléfono móvil es bastante limitado si no está conectado a la red, tu vida no tiene sentido excepto cuando está sintonizada con la vida más amplia que te rodea.

Esta última planta no es como las demás. Es un jardín en la azotea, abierto al cielo. La espiritualidad es notoriamente difícil de expresar en palabras, porque las palabras están diseñadas para abordar cosas pequeñas y discretas (cuchara, perro, fosas nasales) y no grandes misterios. Pero ¿puedes recordar alguna vez cuando eras niño en la que te sintieras de maravilla? ¿Completamente libre y vivo? Puedo recordar momentos cuando era pequeño, corriendo por una playa un día de viento, gaviotas que revoloteaban por la orilla, las olas que rompían, las nubes blancas sobre el océano... Me sentía completamente libre y, de alguna manera, parte del todo. ¿Recuerdas haberte sentido así alguna vez? ¿Totalmente seguro, sin límites ni timidez de ningún tipo? ¿Dónde fue eso? ¿Cuántos años tenías?

La espiritualidad recupera ese sentido de libertad y unidad, y todo lo que se deriva de ello. Compasión. Paz. Creatividad. Una disolución de la molestia de tener un ego que defender. Una fácil armonía con la vida. Un deseo de acabar con el sufrimiento, de convertirte en un sirviente del mundo humano y natural, porque estás unido a él. ¿Y a quién no le importaría una parte de sí mismo?

Hay muchas prácticas y maneras de pensar, que descubrirás en estas páginas, para llegar a ese lugar. Puedes plantarte sólidamente en la azotea de tu mansión, mientras miras hacia afuera y gradualmente te das cuenta de que ni siquiera necesitas la mansión. Puedes vivir sin miedo y hacer las cosas más extraordinarias. Hará falta un libro entero para desarrollar esta idea, pero ahora ya hemos dado el primer paso. El viaje ha comenzado.

Alineando tus plantas

Hay una cosa más, quizá la más importante, que dejamos para el final. Cuando comiences a vivir en las cuatro plantas de tu mansión, algo se hará evidente enseguida. Para casi todos nosotros, las plantas a veces, quizás a menudo, estarán en desacuerdo entre sí. Nuestros sentimientos no coincidirán con nuestras acciones. Nuestro cuerpo querrá algo que nuestro cerebro dice que no puede tener. Nuestro cerebro no escuchará a nuestra alma. Tu vida, en otras palabras, no cuadrará. Así que la siguiente información es fundamental. Escucha con atención...

Como paso final de las reuniones que mantengo con comadronas, directores de funerarias, cirujanos o soldados, en las que aprenden la estructura de la mansión de cuatro plantas, les pido que hagan algo desafiante. Les pido que se sienten con otras dos o tres personas y se planteen: «¿Cómo cuadras tu vida?». El resultado invariable es que comienzan discusiones que son casi imposibles de cerrar. No puedo hacer que se detengan. Algunas personas se retraen intensamente, otras ves que se animan mucho; en partes de la sala algunos lloran y otros los consuelan. La pregunta es simplemente la más profunda que puedes hacer.

Darte cuenta de la falta de alineación de tu vida, incluso si te hace llorar de desesperación, es parte de la curación. No tienes que saber conscientemente qué hacer, todavía. Eso surgirá después. El ser humano, como todo ser vivo, busca naturalmente la unidad con todas sus partes.

Y el universo también. Podemos ayudar simplemente dirigiendo nuestra atención a aquello con lo que tenemos conflicto o nos sentimos incómodos. Entonces nuestro sistema encontrará una manera de curarnos.

Todo lo que tenemos que hacer es darnos cuenta. Y seguir respirando. Y seguir con nuestras vidas, manteniendo valientemente las cuatro plantas ocupadas, con las luces encendidas. Nuestro milagroso sistema cuerpo-mente comenzará a decirnos qué hacer y cómo hacerlo, cueste lo que cueste. Y eso significará una gran diferencia.

VIVIR EN LA MANSIÓN
EJERCICIOS DE REFLEXIÓN DEL 1 AL 7

1. ¿Eres consciente de tener diferentes niveles en tu conciencia? Antes de leer este libro, ¿era algo con lo que normalmente y de forma activa sintonizabas durante tu vida cotidiana?

2. Una habilidad clave que aprenderemos en el libro es la «movilidad» hacia arriba y hacia abajo dentro de tu mansión, algo así como subir y bajar en un ascensor. ¿Eres capaz de

bajar fácilmente a tu cuerpo y notar sensaciones? (Para empezar, solo cosas ordinarias: ¿comodidad física, músculos tensos, temperatura, relajación?.

3. ¿Estás en contacto con las emociones, en general, cuando las tienes?

4. ¿Te resulta fácil calmarte y pensar con claridad, razonar las cosas?

5. ¿Tienes un sentido de la espiritualidad, de estar seguro y como en casa en el universo, de ser parte del todo más grande de la naturaleza, incluidas otras personas? ¿Solo un poco o mucho? ¿O es un concepto extraño para ti?

6. En resumen, ¿qué niveles (cuerpo, emoción, intelecto y espíritu) ocupas y cuáles pasan desapercibidos para ti?

7. Lo que es más importante, ¿hay algún nivel en el que tiendas a quedarte atascado? ¿Eso te causa problemas para vivir tu vida?

Si no has estado al tanto de tus niveles, te divertirás mucho y experimentarás mucha libertad al explorarlos, y tu vida será mucho más fácil mientras lo haces. Permítete, en la segunda planta, sentir algo de emoción. ¡Respira y deja espacio en tu interior para eso!

3

EL PRIMER PISO
Tu cuerpo

Estoy sentado frente a un cliente que tiene estrés postraumático grave (TEPD). Ha servido en algunas de las peores zonas de guerra del mundo, así que es muy comprensible. Pero la ayuda que ha recibido hasta la fecha no ha sido la adecuada. Ha estado entrando y saliendo del hospital durante mucho tiempo, ha tenido serios intentos de suicidio varias veces y su familia se ha visto gravemente afectada por las intensas emociones que aún lo invaden.

Ahora mismo me habla con mucha intensidad de su situación, pero hay algo más importante que me llama la atención. Es la postura en que mantiene el cuerpo: está apenas apoyado en el borde del sillón, como si se dispusiera a huir. Aprieta los puños con fuerza. Su respiración es superficial y rápida. Tan pronto como puedo, le pregunto con amabilidad si puedo interrumpirlo. Le pregunto cómo siente su cuerpo, qué sensaciones está experimentando en su interior. De repente se queda desconcertado, descolocado por completo. En voz baja le digo: «¿Si te sintieras cómodo en el sillón, te darías cuenta?». Entonces se recuesta lentamente, y la silla grande y cómoda lo acoge. Le pregunto si puede dejar de hablar, solo unos segundos, y respirar. Sonríe, y un poco de color llega a su rostro. Es un hombre inteligente, y no tarda en resolver las cosas. Sonríe porque reconoce en un instante que, por la forma en que estaba sentado, respirando y hablando, estaba asustado en un lugar que en realidad era muy seguro. Su mente había estado fuera de su cuerpo y atrapada en el pasado. Desde este punto de partida, está abierto a darse cuenta de que incluso algo tan complejo como el trastorno de estrés postraumático sigue siendo en el fondo un problema físico, y cuando presta atención a su cuerpo, puede mejorar las cosas de pequeñas maneras que se suman y producen un gran cambio en el tiempo.

Parte de la ayuda fallida que recibieron este hombre y miles de personas con síndrome postraumático ha sido la dependencia excesiva de la TCC (terapia conductual cognitiva) y la idea de que el pensamiento puede controlar los sentimientos. Por supuesto que es importante enfrentarse al pensamiento defectuoso, pero rara vez es suficiente, porque nuestros cerebros están conectados en gran medida en la dirección opuesta. Muy a menudo son las emociones las que impulsan el pensamiento. Y de la misma manera, es importante intervenir también en el ámbito de la conciencia corporal y llegar más allá de los sentimientos, al supersentido donde empiezan. Dejar que el cuerpo resuelva las cosas capa por capa, trabajando en la mansión de cuatro plantas desde cero. Al hacerlo, el terapeuta crea la experiencia directa de estar en un lugar seguro, tanto real como relacionalmente. Para que nuestros pacientes puedan sanar, los terapeutas debemos cuidarlos con una intensidad (de enfoque y resolución, de amor, en realidad) que coincida con la intensidad con la que fueron dañados.

Para que nuestros pacientes puedan sanar,
los terapeutas debemos cuidarlos con una intensidad
(de enfoque y resolución, de amor, en realidad) que
coincida con la intensidad con la que fueron dañados.

En cada etapa de su recuperación, su cuerpo le servirá de aliado. Regresar a sus sensaciones internas, permitir que se asienten y se clarifiquen, y agregar algo de ejercicio físico como caminar o nadar, yoga o taichí, lo enraizará en el aquí y ahora. Su cuerpo se convertirá en una forma fiable de crear un refugio temporal. Entonces, y solo entonces, seremos capaces de trabajar con el torrente de emociones no expresadas, con los patrones enredados de pensamiento y con cuestiones de significado y espíritu, para crear un cambio duradero y un crecimiento a partir del terrible evento que lo ha generado todo. Pero utilizar el supersentido para regresar al cuerpo siempre será el ancla segura a la que regresaremos. Respirar. Abrir los ojos. Sentir los pies apoyados en el suelo. Estar aquí y ahora.

Mi paciente no es el único que ignora su cuerpo y, como resultado, queda irremediablemente atrapado en recuerdos y miedos. De hecho, la mayoría de las personas tienen este problema hasta cierto punto. Ninguna cultura ha ignorado tanto el cuerpo como la nuestra. El mundo moderno de aviones, automóviles y supermercados fue construido por cierto tipo de hombre y mujer. Los fundadores calvinistas del propio capitalismo provenían de una tradición protestante europea de represión fría y austera del placer, construida sobre una base sólida de culpa católica autoflagelante, a menudo marinada en varias otras etnias con sus propios problemas. Los europeos del norte nunca fueron la cultura que más cantaba y bailaba del mundo. Cada vez que llegábamos a otros lugares del mundo (generalmente para colonizar y subyugar a otras personas), los lugareños quedaban muy impresionados por lo tensos y en general desordenados que éramos.

Tener este tipo de antecedentes y considerarlos como algo normal (estar separado del cuerpo, de la emoción y de la espiritualidad, casi abandonar tres plantas completas de nuestra mansión de cuatro plantas) significa que, cuando los traumas inevitables de la vida se presentan, estamos muy mal equipados para procesarlos. El problema no es el trauma, sino la falta de capacidad para dejar que nuestros sistemas naturales de curación hagan su trabajo.

Cómo perdimos el contacto con nuestros cuerpos

No fue culpa de mi paciente que hubiera crecido desde la infancia con una incapacidad para sentir. Era el legado de generaciones de desorden. Toda la vida de nuestros bisabuelos se basó en la represión emocional. «Siéntate quieto, cállate, deja de lloriquear. Endurécete. Yo entré en un internado a los seis años de edad, sobreviví, me convirtió en un hombre». La edad adulta era más de lo mismo. Los hombres en ese entonces eran formados sistemáticamente para ser carne de cañón del imperio. Las mujeres eran condicionadas para llevar vidas de trabajo pesado y frustración sexual. Implicaba la supresión masiva de los verdaderos sentimientos propios. Toda esa supresión es un trabajo difícil, mediante el cual apagas las señales internas de tu cuerpo, y te mantienes tenso. Fruncir el labio superior no era solo una frase hecha, era un consejo que se daba a los soldados para superar el profundo dolor de ver a sus amigos volar en pedazos. «Endereza la espalda, saca la mandíbula. Piensa en Inglaterra».

CÓMO SE ESCRIBIÓ EN NUESTROS CUERPOS UN «SIGLO DE PESADILLA»

Hemos llegado a suponer que los occidentales, especialmente los ingleses, siempre fueron bombas de relojería andantes de represión emocional. Pero en realidad eso es en gran medida un producto de la historia reciente. Y se refleja con mayor intensidad en nuestros cuerpos. La tensión de la supresión emocional duele tanto que harás casi cualquier cosa para evitarla. Ese dolor físico es probablemente la razón de nuestra asombrosa dependencia del alcohol en Occidente. La generación de la posguerra de las décadas de 1950 y 1960 estaba empapada en alcohol. Para los ingleses de clase trabajadora, una hora o más en el pub, emborrachándose, era la rutina de todas las noches después del trabajo. (Las mujeres bebían solas en casa, en cantidades que hoy nos sorprenderían). En la década de 1960, la droga más recetada en el mundo occidental era el Valium, un relajante muscular administrado como tranquilizante. Estas estrategias de automedicación adormecieron el problema, pero no hicieron nada para resolverlo.

Alrededor de la época de la guerra de Vietnam, con sus recuentos de cadáveres en las noticias de la noche como un resultado deportivo grotesco, e hijos y hermanos que regresaban a casa dentro de bolsas de plástico, comenzó un cambio cultural sísmico. Comenzó en la costa oeste de Estados Unidos, se recuperó en Londres, viajó a Rishikesh y luego de regreso a Woodstock, y prácticamente se extendió por todo el mundo. Los jóvenes se atrevieron a cuestionar los motivos de sus políticos y, en una universidad llamada Kent State, se demostró que tenían razón. La confianza en la autoridad, que había prevalecido de una manera que hoy apenas podemos creer, se desintegró. El autor y pediatra especializado en crianza Benjamin Spock fue culpado por el cuestionamiento a la autoridad de esta nueva generación, pero solo después de que comenzara a apoyar el movimiento contra la guerra y añadiera a América Central a la cuestión. Quizá una crianza más afectuosa por parte de la generación de la posguerra jugó un papel en ello. No fue un mero cambio en la moda de la ropa o del cabello, desafió la base de toda una civilización construida sobre la conformidad y el miedo. Y seguía así cincuenta años después, con las Pussy Riot en Rusia y los adoquines manchados de sangre de la plaza de Tiananmén. Con Greta Thunberg y la Huelga Escolar por el Clima. Con el Black Lives Matter. En las décadas de 1960 y 1970, una importante cohorte de seres humanos se puso en contacto con sus corazones y valores y su amor y conexión con el mundo natural, y el genio salió de la lámpara. De ahí surgió una nueva ola de feminismo, ecologismo, derechos de los homosexuales, derechos indígenas y liberación animal. Reconocimos que era una batalla de las fuerzas de la vida contra las fuerzas de la muerte. La emergencia climática puede ser la lucha definitiva, pero hemos recorrido un largo camino y hay muchas razones para tener esperanza.

Desde el frío

Hoy, confiamos y disfrutamos más de nuestros cuerpos. Nos alegramos de que los niños rían, jueguen y hagan ruido (hasta cierto punto). Nos hace felices ver a nuestros adolescentes surfear o bailar, componer música o dedicarse al arte, o dedicar uno o dos años a viajar por el mundo. Se alienta y se espera la felicidad sexual (de hecho, es un poco obligatoria, aunque esa es otra historia). El placer es algo bueno, por fin. La naturaleza es concebida como nuestro hogar, no como algo para ser conquistado y minado hasta el olvido. Y de alguna manera, en el centro de todo esto, emocionalmente tenemos mucho más alcance. Nos permitimos llorar, incluso los hombres, a veces.

Pero hay un largo camino por recorrer todavía. En comparación con la flexibilidad y la sensibilidad de un niño pequeño, los adultos siguen siendo insensibles y rígidos, y las redes sociales y el consumismo competitivo nos imponen nuevas presiones y conformismos. Permanecemos desconectados de nuestra vida interior de una manera drástica. Se necesita algo más que una o dos generaciones para romper el molde de los siglos. Pero debemos romperlo, si queremos volver al jardín que la vida pretendía ser, incluso a la salud mental y el bienestar básicos, y a una Tierra sostenible compartida por seres humanos equilibrados. Debemos explorarnos y liberarnos a nosotros mismos. Con este libro aprenderás a viajar por ese país. Y si eres padre, también aprenderás a asegurarte de que tus hijos también lo hagan.

Vuelve a tu cuerpo

En el resto de este capítulo, aprenderás a activar las partes de tu cerebro que detectan, interpretan y dirigen tu cuerpo. Este proceso es bastante notable porque, allí abajo, justo al sur de tu cuello, hay una orquesta sinfónica completa tocando y la música siempre está cambiando. Tu cuerpo te llama, y quiere ayudarte a vivir tu vida. Es una criatura sabia y salvaje que quiere ser tu amiga.

Tu mente y tu cuerpo están construidos para la salud y la felicidad, pero necesitan una cosa de ti para funcionar correctamente: tu atención. Es tu atención la que se mueve por las cuatro plantas de tu mansión, la que escucha a tu supersentido. ¡Imagina una pequeña figura con una antorcha que enciende las luces! A medida que leas este libro, experimentarás, cientos de veces, que tu atención se mueve con cada vez mayor conciencia y capacidad de elección. A medida que hagas brillar la luz de tu propia conciencia en tu propio interior, de manera casual y natural, en momentos extraños durante el día, comenzarás a notar que todo mejora, cosas tan básicas como la digestión o la postura, tan profundas como la paz y la serenidad y las percepciones que cambian la vida. Ese pequeño rayo láser danzante es tu libertad. ¡Y puedes apuntarlo en la dirección que elijas!

Empieza

Ahora mismo, sin dejar el libro o dispositivo en el que estás leyendo, simplemente levanta el dedo meñique de tu mano derecha (como un inglés tomando té). Hazlo unas cuantas veces y, mientras lo haces, nota cualquier otro movimiento o sensación en otras partes de tu cuerpo. ¡Esperaré mientras lo haces! Es posible que sientas algunos cambios leves en la mano, por supuesto, pero ¿qué pasa con la otra mano? ¿Con los pies? ¿Con el torso? Al principio, es posible que no sientas nada en absoluto. Presta atención y escanea todo tu cuerpo. ¿Qué más cambia, aunque sea ligeramente? Si tienes problemas para hacerlo, prueba con algo un poco más grande. Levanta todo el brazo derecho en el aire. ¿Dónde más puedes sentir la sensación, un ligero endurecimiento de un músculo, un pequeño movimiento?

Lo que sabemos, a partir de la medición eléctrica de los potenciales musculares, es que, cuando mueves incluso el dedo meñique, todos los demás músculos de tu cuerpo se ajustan ligeramente. Incluso los dedos de tu pie izquierdo se mueven un poco para contrarrestar el pequeño cambio de peso en tu mano, o lo que espera que venga a continuación. Los movimientos musculares comienzan tan sutilmente que, incluso cuando miras un partido de tenis o un concurso de baile, partes de tu cuerpo ensayan los movimientos que estás viendo.

A menudo somos completamente inconscientes de cómo nos movemos. Cuando levantas el brazo, no es tu brazo el que realmente crea ese movimiento. Inténtalo de nuevo y verás. Son los brazos y los músculos de la espalda los que mueven tu brazo. Cualquier movimiento de una parte de tu cuerpo involucra a todo el resto.

Es muy probable que en este momento estés sentado, así que prueba lo siguiente: no hagas nada, no te muevas en absoluto, pero imagina que te levantas de la silla. Ensaya ese movimiento en tu mente. Al instante se producirán pequeños cambios en el cuello, la espalda y las piernas a medida que se preparan para los requisitos de dicho movimiento. Si no sientes nada, no te preocupes, al final del libro te habrás relajado tanto como para sentirlo.

Ahora, por fascinante que sea, no es aquí a donde queremos llegar (y estoy en deuda por esto con Moshe Feldenkrais, el físico israelí y campeón de judo, cuyo sistema de ejercicio y conciencia corporal ha cambiado la vida de miles de personas). Para lo que más importa esto es para alertarte de cuanto está pasando dentro de ti, en cada segundo de tu vida.

Los músculos son solo el nivel más superficial. Los órganos también se mueven y cambian, a menudo en respuesta a las cosas que suceden a nuestro alrededor. El estómago se contrae. La boca se seca. Los cambios pueden ser fugaces o más importantes y duraderos. Investigadores noruegos descubrieron que, en una situación de duelo, como la pérdida de un esposo o esposa amado, o de un hijo, la forma de nuestro corazón cambia. Se aprieta la mitad superior del órgano y permanece así hasta un año. ¿Qué ocurre? ¿Tenemos literalmente el corazón roto? Lo más probable es que sea una especie de bloqueo, una desaceleración, pero ¿es un signo de un duelo saludable o de un duelo reprimido, de un duelo que salió mal? Después de todo, a las personas de Occidente no se les da bien expresar el dolor, en comparación con muchas otras zonas del mundo. Si pudiéramos sollozar, estremecernos y emocionarnos, rodeados de familiares y amigos que hacen lo mismo, como podría suceder en algunas culturas, ¿seguiría dándose esa opresión en el corazón? Todo lo que sabemos con certeza es que el cuerpo recuerda. No es intrascendente: una persona en duelo tiene muchas más probabilidades de morir en el primer año después de una pérdida como esa, por causas totalmente naturales.[2] Es especialmente así durante los primeros días y semanas.

Nuestros órganos están llenos de terminaciones nerviosas, especialmente el tracto digestivo y el estómago, y la razón de esto no está clara, pero seguramente habrá una. Es casi seguro que está detrás de la expresión que se da en muchos idiomas: corazonadas. Cuando tenemos experiencias poderosas, las describimos como «conmovedoras». Experimentamos casi todas las emociones como grandes marejadas o cambios en nuestros cuerpos. Puede ser literalmente abrumador, subyugante, provocar que seamos incapaces de funcionar hasta que esa emoción se descargue adecuadamente y haya hecho su trabajo.

Incluso puede gustarnos y que disfrutemos de ello. El final de una gran película o de un buen libro, o de una pieza musical puede llenarnos de emoción, y se necesita un gran esfuerzo y habilidad para que eso suceda. La emoción es la razón por la que vamos al cine, leemos novelas o asistimos a conciertos de música. Recordamos durante años ese sentimiento intenso y elevado a medida que la música crecía y los créditos empezaban a descender por la pantalla. Los protagonistas tuvieron un final feliz. Ella realmente lo amaba. Los *hobbits* sobrevivieron y fueron elogiados por todos en la Tierra Media.

Y a menos que seamos de piedra, también experimentamos esos momentos en nuestras propias vidas. Y es en nuestro cuerpo donde se

2. Stroebe, M., Schut, H., Stroebe, W.: «Health outcomes of bereavement», *Lancet*, diciembre de 2007, vol. 370 (9603), P. 1960–73. Moon, J. R., Kondo, N., Glymour, M. M., Subramanian, S. V.: «Widowhood and mortality: a meta-analysis», PLoS ONE, agosto de 2011, Vol. 6(8), e23465.

registran. Enamorarse, sentir deseo, preocuparse por los hijos, adorar a los nietos, todo eso es visceral.

Hace mucho tiempo, mi esposa y yo vivíamos en una gran propiedad ganadera en Great Western Tiers, Tasmania. A menudo salíamos a caminar por los campos por la mañana temprano. Al vernos llegar de repente, las ovejas recién despertadas, en masa, orinaban copiosamente sobre la hierba antes de salir corriendo. Cientos de ovejas orinando a la vez es un espectáculo divertidísimo, ¡una experiencia parecida a contemplar las cataratas del Niágara! En su libro *Wolf Totem*, un verdadero éxito de ventas, el escritor chino Jiang Rong describe a los lobos esteparios mongoles sorprendiendo a los ciervos al amanecer, porque sus vejigas llenas les impedían correr. Así que orinar y defecar cuando el peligro amenaza tiene una razón práctica: ¡aligera la carga! Los humanos también tienen esa reacción, si los amenaza un peligro terrible. Muchas personas bromean sobre eso, pero en la naturaleza es algo práctico y útil. Nuestras reacciones corporales pueden ser intensas, porque para los seres humanos la vida misma puede ser extrema. De manera trágica, el estrés extremo puede incluso provocar un parto prematuro. Fuimos diseñados para tiempos difíciles.

En el mundo moderno, podemos estar demasiado seguros, tan adormecidos y aburridos que en realidad buscamos la vivificación estimulante de algún peligro falso. Las películas clásicas de misterio suelen comenzar con un terrible y escalofriante asesinato. Adecuadamente agitados, los espectadores se conforman con la satisfacción, casi propia de crucigrama, de descubrir «quién lo hizo». Los más jóvenes se divierten en el mundo real: los adolescentes conducen automóviles demasiado rápido o, de manera más saludable, desafían las olas con sus tablas de surf o los senderos de montaña con sus bicicletas; parejas jóvenes se suben a la montaña rusa; profesionales de la salud altamente capacitados a menudo se sienten atraídos por los deportes extremos o las actividades al aire libre, aunque estas puedan poner en peligro sus vidas. Todo el mundo ve las noticias de la noche; decimos que es para estar informados, pero en realidad nos hace sentir más vivos. (Es posible que necesitemos una mayor participación real en las necesidades de las personas reales, si buscamos la angustia y el drama como entretenimiento.) Pero la cuestión es que somos físicos, tenemos un cuerpo, y ese cuerpo responde a todo.

Esta es nuestra primera y más básica lección, ya que probablemente hasta ahora no hayas pensado mucho en ello. Tu cuerpo tiene vida propia. Está haciendo su trabajo maravillosamente todo el tiempo. Te proporciona motivación, para bien o para mal, y te afecta, lo reconozcas o no. Te da pistas vitales. Te dirige hacia la salud y la vitalidad. Tu vida puede ser más fluida si escuchas su voz, no solo cuando te grita, sino en silencio y con frecuencia a lo largo del día.

TU CUERPO TAMBIÉN ES TU MENTE: LA TÉCNICA DEL *FOCUSING*

La psicología moderna no comenzó con ratas en laberintos o personas en sofás hablando de sus madres, sino con un hombre llamado Carl Rogers. Rogers tenía una mente soberbia, pero también un corazón cálido, y se negaba a creer que esas dos cualidades debían separarse. Les quitó las cosas a los hombres de bata blanca de sus frías manos y fundó lo que ahora llamamos Psicología Humanista. Rogers y un puñado de colegas básicamente inventaron la idea moderna del *counseling*.

Rogers sabía algo fundamental para el bienestar humano: que, para superar los peores momentos de la vida, todos necesitamos a alguien que realmente nos escuche con atención y no nos interrumpa con su propia agenda. Si alguna vez has sido bien atendido por un *counselor* o has tenido un médico que te brindó su tiempo y toda su atención, debes agradecérselo a Rogers.

Pero un hombre que trabajó junto a Carl Rogers fue quien llevó las cosas aún más lejos, y cuyo trabajo apenas comienza a ser plenamente reconocido. Eugene Gendlin fue, en mi opinión y en la de muchos que lo conocieron, un genio. Él es realmente el abuelo del libro que tienes en tus manos ahora mismo.

Gendlin y Rogers encontraron que algunas personas, desde el principio, respondían muy bien al *counseling* y otras simplemente no. Así que estudiaron con minuciosidad las cintas de video registradas de sus sesiones para descubrir cuál era la diferencia. Los que crecían, sanaban y avanzaban en su vida hacia algo muy distinto. Cuando el *counselor* les preguntaba algo, no recitaban algunas palabras con soltura, sino que respondían de manera diferente: hacían una pausa y luego se sumergían en sí mismos para encontrar la respuesta...

¿Estás enfadada con tu marido? Pausa, reflexión. «No, bueno, no lo estoy. Es más un sentimiento de desesperación, como, ¿él puede cambiar? Me siento un poco desesperada y triste por él también...

En todos los casos en que un cliente de *counseling* estaba al borde del crecimiento o de una nueva percepción, había un punto en el que debía buscar dentro de sí mismo la verdad. No sabían cuáles eran sus verdaderos sentimientos, y esa era la clave para desbloquear el cambio interno. La respuesta al principio parecía confusa, pero, con un poco más de atención, de repente se aclaraba. El cliente tenía dificultades para encontrar las palabras, tal vez hacía algunas conjeturas erróneas, las rechazaba y luego, ¡pam!, ahí estaba. Encontraban la palabra exacta o comprendían la verdad, y su cuerpo demostraba el alivio experimentado.

El cliente de *counseling* necesita sentirse seguro, y si se siente seguro, puede ser sincero, pero solo puede ser sincero si conoce su propio corazón. Y algunas personas van por la vida sin haberlo hecho nunca. Mi madre era así: decía que estaba bien incluso cuando se reconcomía por dentro, porque en su infancia nunca te quejabas ni expresabas molestias, y mucho menos enfado. No era algo propio de una dama, o no era algo muy cristiano, o incluso sensato que hacer.

Si no llevas a la práctica el hecho de meterte en tu interior, muy pronto te olvidarás de que tienes un interior. Y eso es un problema. Las personas que hacen cosas malas a los demás son invariablemente personas que no pueden controlar su propio interior, por lo que tratan de sentirse mejor lastimando a los demás. Piensa en parejas abusivas. Piensa en terroristas y en francotiradores masivos. Piensa en tiranos y en drogadictos. Pero también en mucha gente que simplemente se siente perdida y confundida. La falta de autoconciencia es la discapacidad más paralizante que puede sufrir un ser humano.

Gendlin sabía que esa capacidad de comprobar el interior era vital para el bienestar y se dispuso a ayudar a las personas a adquirirla. Su libro sobre el tema, titulado simplemente *Focusing*, vendió medio millón de ejemplares. Lo que Gendlin creía es que tenemos un «segundo cerebro», un segundo lugar donde reside la conciencia, que por supuesto es lo que yo llamo «supersentido». Para cada dilema al que nos enfrentamos en la vida, hay una conciencia corporal que lo ha captado y que puede guiarte.

Cómo implementar el *focusing*

Para entender lo que quiero decir, prueba esto. Acomódate en tu sillón, luego simplemente elige o piensa en un problema que tengas en este momento. (La mayoría tenemos muchos entre los que podemos elegir, pero elige solo uno para este ejercicio). Tal vez alguien de tu familia que te preocupa, o algún problema en la vida que te resulta difícil superar. Solo mantén a esa persona o situación en tu mente.

Mientras lo haces, es casi seguro que sentirás, en algún lugar de tu cuerpo, una sensación que parece ir con este problema. Será difícil de describir, pero es físico: en alguna parte notarás una tensión o sentirás un vacío o una sensación de calor, o se retorcerá un poco, o aparecerá una punzada de dolor. Ese es el lugar. Has encontrado el lugar. (Si no puedes sentirlo, no te preocupes, muchas personas pueden tardar un tiempo en relajarse lo suficiente, y luego viene «Oh, esa cosa». Incluso un sentimiento de «nada» es un sentimiento, así que comienza por ahí). Si todavía tienes problemas para conseguirlo, otra manera es hacer una declaración opuesta, mentalmente o en voz alta, como «Todo en mi vida es maravilloso» y escuchar el chirrido casi instantáneo que proviene de algún lugar de tu cuerpo, preguntándote «¿Ah, sí? ¿De verdad?».

Este sentimiento tendrá una cualidad de frescura a medida que le prestes más atención, de algo a medio formar, algo que acaba de empezar a emerger. Es una parte activa de tu cerebro no consciente que trabaja con la fisiología de tu cuerpo para enviarte un mensaje suprasensorial. Gendlin llama a la sensación el «límite turbio», porque lo que significa es simplemente incomprensible. Al igual que tu límite en una postura de yoga, en la que te estiras con suavidad un poco más, este es tu límite de conciencia, el límite mismo en el que estás progresando como ser humano (¡y pensabas que era solo una indigestión!).

Una vez que hayas encontrado la sensación que notas ahí ahora mismo, el siguiente paso es «indagar» en ese lugar, para ver si puedes nombrarlo y cómo lo sientes: vacilación, miedo, furia, frustración, soledad, decepción..., y trata de ser específico. Es importante darle una palabra que se acerque lo más posible, incluso solo «apretado» o «vacío» o «encorvado», y tu cuerpo, de hecho, te «dirá» si esta es la palabra correcta. Eso le da a su mente lógica un «nexo» para relacionarse con el mensaje de tu supersentido en este punto específico en el tiempo.

Es casi como tender la mano a un animal salvaje dentro de ti, construyendo una relación para ganarte su confianza. Si prestas atención a esa parte de tu cuerpo, esta le da la bienvenida al hecho de que lo notes. Y aquí está la parte más sorprendente: cuando intentas nombrarlo, te «dirá» sí o no, o «sigue intentándolo, estás cerca». Cuando le pones nombre a la sensación, a menudo cambia, y el mensaje también cambia. Porque este es el meollo del asunto: cuando escuchas tu interior, te informa cómo cambiar, dónde podría estar la respuesta. Y cuando realmente has «captado» el mensaje, aunque solo sea para dejarle un espacio sin palabras, muy a menudo cambia. Sientes un cambio en tu cuerpo que es positivo, liberador, vivificante, y sabes que algo se ha movido, que ahora eres diferente.

Concentrarse es una habilidad sutil, y es mejor que leas el libro de Gendlin o veas algunas de las muchas charlas y demostraciones que puedes encontrar en YouTube. Pero si profundizas un poco en esto, las inmensas posibilidades comenzarán a abrirse, porque este es un supersentido disponible en cualquier momento, o todo el tiempo, lo que te permite realmente utilizarlo de manera inteligente para dar información a tu vida.

> *En cada caso en el que un cliente estaba al borde de una nueva perspectiva, hubo un punto en el que debió buscar dentro de sí mismo. Al principio la respuesta parecía confusa, pero, prestando más atención, de repente se aclaraba. Encontraba la palabra que era verdad, y su cuerpo se sentía aliviado.*

> *Si no practicas adentrarte en ti mismo, muy pronto te olvidarás de que tienes un interior. Y eso es un problema.*

Gendlin creía (y era un filósofo académico muy respetado) que no hay diferencia entre el cuerpo y la mente. Que cada centímetro de nuestro cuerpo es mente. Los nervios, las hormonas, los músculos, todos hablan entre sí, son una unidad. Nuestro cuerpo físico no es (como nos han enseñado a pensar) una máquina biológica, sino una conciencia que surgió de la naturaleza, moldeada por el cuerpo de nuestra madre y la crianza que recibimos, y todas nuestras interacciones en la vida desde entonces. (El presentador de programas infantiles Fred Rogers solía pedir a la gente que reflexionara sobre «¿Quiénes son los adultos que te amaron para que existieras?») Áreas enteras de tu cerebro solo crecen si eres amado y estimulado. No es una metáfora. Tu cuerpo es tu mente. Tu supersentido es la manera en que experimentamos eso, y la pequeña corteza de cáscara de naranja que piensa en palabras es un accesorio vital, pero solo parcial, de eso.

Eso es suficiente por ahora, pero quería que vislumbraras el alcance de todo esto. Y para dar crédito a quien se debe. Gracias, Carl y Eugene. Cambiasteis el mundo.

En la práctica

El uso de la conciencia corporal puede ser una idea completamente nueva para algunos lectores, y ciertamente muy poco desarrollada (o simplemente no valorada) por muchos más, por lo que nos tomaremos el tiempo necesario para ayudarte a desarrollar esta habilidad. Lo primero es darse cuenta de que incluye signos corporales hilarantemente ordinarios, así como también algunos con implicaciones más profundas. No se pueden separar, porque tu cuerpo es un sistema unitario. Pero son todas las cosas que necesitas saber para integrarte en tu vida diaria.

> *Cada centímetro de tu cuerpo es mente. Y darse cuenta de eso abre otra posibilidad mucho más sorprendente: que cada centímetro de todo sea mente.*

Tomemos un ejemplo práctico. Sucede que estoy escribiendo esta sección del libro en una biblioteca. He bajado a la cafetería a por un sándwich y luego he continuado escribiendo en mi mesa. Me resulta tentador quedarme y seguir trabajando aquí. ¡Es algo fascinante! Pero la silla del café es muy dura e incómoda. En poco tiempo, me dé cuenta o no, empezaré a escribir con menos amabilidad, o desearé parar. Mis patrones de pensamiento se estrecharán y secarán. Me doy cuenta de ello, y luego tomo una decisión. Me dirijo arriba, a las sillas más cómodas. ¡Y ahora, aquí estoy, de vuelta en el flujo!

(Es posible que no sepas que algunos cafés tienen sillas especiales diseñadas para que le resulten duras a tu trasero. La razón es clara: no quieren que te quedes. Prefieren que consumas rápido y dejes el espacio para el siguiente cliente).

Así que, de nuevo, prueba esto. Fíjate ahora mismo en tu propio cuerpo en el asiento donde estás. Las probabilidades son de cien a uno de que te mantengas en una postura un poco incómoda, porque incluso el acto de sentarse en sí mismo no es para lo que fuimos diseñados, y necesitamos movernos para sentirnos bien. La cuestión es que no eras consciente de eso. Y estaba afectando a tu estado de ánimo. Respira profundamente. Deja que los hombros caigan. Suaviza tu vientre. Muévete un poco en tu silla para estar más alineado. (O ve a orinar si lo necesitas, no seas como las ovejas). Y tu estado de ánimo mejorará.

El nivel social

Para que no suene como el embajador de la concienciación de la comodidad del vagabundo, ahora llevemos esto a un territorio mucho más edificante e importante. A medida que transcurre tu día social, relacionándote con familiares o compañeros de trabajo, tu cuerpo está constantemente, en tiempo real, evaluando la situación y dándote una lectura.

Lo hace de distintas maneras. De nuevo, puedes comenzar con un experimento simple, casi ridículo. Si estás solo en este momento, trata de gritar la palabra «sí». Si puedes, hazlo con énfasis. Así que, «¡sí!» Ahora observa qué otras sensaciones o experiencias parecen acompañar a esto. En tu cara, pecho o en cualquier otro lugar. Si estás leyendo esto en un tren o en un avión, o junto a tu pareja en la cama, ¡quizá sea mejor que imagines que haces el ejercicio!

Cuando lo hayas intentado un par de veces, intenta lo siguiente. Di la palabra «no», con sentimiento. «¡No!». Y observa de nuevo lo que sucede en tu cuerpo, cara o cualquier otra zona, incluido tu estado de ánimo o pensamientos. Casi todos los que prueban esto tienen una sensación de contracción, de tensión con el «no», y de alivio y expansión con el «sí». Si te gustan los desafíos más avanzados, intenta decir «no» con un sentimiento de «sí», o al revés. (¡Los lectores propensos a ser pasivo-agresivos lo encontrarán bastante fácil!) También podemos decir que no con el corazón abierto. En nuestro primer libro, *El secreto del niño feliz*, mi esposa Shaaron y yo explicamos el truco del no «suave», que reduce la tensión al rechazar las solicitudes de tu hijo, por ejemplo, cuando te pide algunos dulces en el pasillo del supermercado. ¡Es difícil aumentar la protesta contra alguien que te dice que no pero de una manera suave y amorosa!

A medida que comiences a prestar más atención, te darás cuenta de que tu cuerpo le dice su propio «sí» o «no» a casi todo. Cada frase pronunciada por otra persona, de verdad, en la televisión o por escrito, provoca en tu cuerpo un asentimiento o negación básicos, una reacción de sí o no en algún lugar dentro de ti. Así es como tu cuerpo se comunica. En primer lugar, se contrae o se relaja. Además, se siente animado o apagado (lo que implica sutilmente estar más estirado o más encorvado, así como cambios en los latidos del corazón y en la circulación: vasos sanguíneos que se abren o se cierran). Cuando los seres humanos son muy felices, saltan arriba y abajo, y puedes energizarte haciendo precisamente eso. Incluso sonreír libera serotonina, la sustancia química de la felicidad que necesitamos para la salud y el bienestar.

Tu cuerpo también se desliza hacia arriba y hacia abajo en la escala de la ansiedad, desde asustado hasta calmado. Puedes convertir las hormonas de la ansiedad en molestia e ira si percibes aspectos clave (como, ¿esta persona es más grande o más pequeña, más o menos poderosa que yo?). Tu voz cambia de tono. El presentador de radio y columnista Richard Glover observó en su libro *The Mud House* que tiene una voz distinta, especialmente profunda, para hablar con comerciantes y personas en los pubs rurales.

¿Cómo puedes hacer un uso práctico de todo esto? La respuesta te complacerá. Se repetirá una y otra vez en este libro: en realidad no tienes que hacer nada. Solo tienes que darte cuenta. Tu sistema cuerpo-mente hará el resto. Al salir, momentáneamente, de la planta pensante de tu mansión y bajar a la planta baja y mirar alrededor, empiezas a tener más información, que automáticamente te cambiará sin que hagas ningún esfuerzo. Esto comenzará a suceder naturalmente y por sí mismo. Esta persona me está molestando, o, me inquieta que me pida prestado mi coche/casa/dinero. He estado a punto de aceptar, pero algo me dice que no lo haga.

Prestar atención a tu cuerpo te ayuda a calmarte. Darte cuenta, de manera consciente, de que estás realmente ansioso (por ejemplo, cuando estás a punto de pronunciar un discurso o de abordar un problema que necesitas hablar con alguien) es útil, porque de todos modos estaba allí, pero ahora lo controlas. Ayuda si, por unos segundos, prestas más atención a esa señal corporal. Por ejemplo, si sientes algunos síntomas de ansiedad, dificultad para respirar o palpitaciones, quédate quieto durante un momento y siente esas sensaciones. Hay una secuencia universal que ocurre cuando lo haces. Al principio, las sensaciones parecerán hacerse más fuertes; solo en virtud de que les prestamos más atención, las notamos más vívidamente. Puede ser desconcertante, pero quédate con esto. Siempre, unos pocos segundos después, comenzarán a disminuir, casi como si estuviéramos digiriéndolas, absorbiéndolas en el resto de nuestro cuerpo. Si tienes problemas, te puede ayudar en el proceso notar que tus pies presionan el suelo o que la silla sostiene tu trasero y tu espalda. Las partes de tu cuerpo que realmente sientes bien ayudarán a calmar las zonas que no.

Cada vez que doy una de mis charlas, sufro un pequeño ataque de pánico mientras estoy sentado a la espera de que sea el momento de empezar. De hecho, ¡suelo buscar un lugar en el que esté yo solo! Una pequeña descarga de adrenalina me golpea, y cuando la noto sonrío, porque sé que siempre desaparece. Hablar ante un auditorio repleto de personas, algunas de las cuales ha viajado muchos kilómetros para escucharme y tiene muchas necesidades y esperanzas para su familia, es naturalmente una situación de presión. Sería una locura simplemente subir al escenario sin un poco de adrenalina en el organismo. Incluso si algo sale muy mal en la charla —un micrófono falla, o alguien se pone de pie de un salto para alabar a Jesús, o se pone de parto, o comienza a pelearse con su cónyuge (todo lo cual ha sucedido), o yo me mareo o me olvido de lo que iba a decir—, es lo mismo. Simplemente lo sientes. Sigues respirando. Empeora momentáneamente, luego desaparece.

Utilizar el cuerpo, descender a la planta baja, es bueno en emergencias en las que también debes ayudar a otros. Tal vez alguien que te importa, o un niño a tu cargo, por ejemplo, tiene una rabieta, o está agitado o angustiado, sin que tenga mucho sentido. (En los viejos tiempos, le habrían dado una bofetada). Pídele que se siente y que frene su respiración. Pregúntale qué está pasando en su cuerpo. ¿Qué está experimentando en el interior? Dirán cosas como, «Se me acelera el corazón». «Siento presión en el pecho» o «Me tiemblan las piernas». A medida que responda a tu pregunta, descenderá desde su cabeza hasta su cuerpo, y automáticamente comenzará a calmarse. Tardará unos momentos, porque estará «conectándose a tierra» y, a medida que esto suceda, podrás hablarle y él o ella podrá pensar con mayor claridad. Pero, hasta que lo bajes al sótano donde se ha acumulado todo ese vapor, no obtendrás ningún significado por su parte y no se sentirá seguro.

TOMA DE TIERRA

Si la ansiedad no desaparece de inmediato, puedes hacer algo llamado «conectarte a tierra», que esencialmente te lleva a tu planta baja utilizando información sensorial directa. En primer lugar, observa tres cosas que tengas a la vista, observa un poco los detalles. Luego observa dos cosas que puedas oír y una cosa que puedas oler. Detente en cada una de ellas durante un segundo o dos, de modo que los percibas de verdad, no que simplemente los identifiques. Luego siente la temperatura del aire en tu cara y finalmente, en buena medida, la presión de tus pies en el suelo. De repente estarás presente. Quédate con ese sentimiento, y dentro de uno o dos segundos lo sentirás como un asentamiento dentro de tu cuerpo, como hojas que caen o nieve cayendo a la deriva en un bosque silencioso. Tu respiración se volverá más lenta y más uniforme. La ansiedad dejará paso a la calma. La toma de tierra es algo así como los primeros auxilios de emergencia, y es algo muy interesante que enseñarles a los niños.

LA ANSIEDAD Y CÓMO DEJARLA IR

La ansiedad, como probablemente sepas, es un gran problema hoy en día. Las causas son múltiples y complejas, desde la flora intestinal hasta que te desconcierten las interacciones sociales, pasando por el trauma y la prisa y la preocupación por estar en las redes sociales. La ansiedad es un aspecto clave del ser humano, ya que es una señal de que nos hemos sobrecargado y necesitamos dejar que las cosas se calmen. Hay varias maneras de hacerlo.

Detener la sobrecarga de información

Los medios electrónicos son un fenómeno muy poco natural. Nos hipnotizan, pero engañan a nuestro sistema nervioso de la Edad de Piedra para que piense que lo que estamos viendo nos está pasando a nosotros.

Es extraño que utilicemos eventos aterradores del mundo real, noticias y temas de actualidad, como una especie de entretenimiento, que muchas familias simplemente se han acostumbrado a proyectar continuamente en su espacio vital.

Las redes sociales, de nuevo, al explotar nuestro deseo natural de conectarnos, atraen a una multitud de extraños parlanchines e indiferentes, si no francamente hostiles, a nuestra habitación o sala de estar. Nuestro ecosistema mental, destinado a interactuar con más o menos una docena de miembros de un clan de cazadores-recolectores con los que naturalmente necesitamos llevarnos bien, de repente se ha incrementado a cientos o incluso miles de personas que nos juzgan.

Y eso reemplaza los ritmos de la naturaleza, y el alivio sensorial de las vistas y los sonidos naturales, las plantas, los animales, la oportunidad de mover nuestros cuerpos vigorosamente al aire libre y tener tiempo y paz para reflexionar. Somos un gran mamífero sensible, y no es así como debemos vivir.

Todas estas cosas nos excitan. Son especialmente malas para los niños en crecimiento. Describí esto en mi libro *Raising Girls*: una de cada cinco adolescentes en el mundo occidental deberá tomar medicamentos para la ansiedad. Y los niños no se quedan atrás, aunque es más probable que muestren su ansiedad a través de la agresión o la ira.

Podemos hacer que nuestro entorno sea mucho mucho mejor para nuestro cerebro al cambiar estas cosas y conseguir menos estimulación y rutinas tranquilizadoras para nuestras vidas (al cerebro le encanta la previsibilidad). Además, escuchar música y movernos, incluso cantar, puede ayudar a que nuestro cerebro se enfríe porque adopta un patrón de repetición que nos asienta.

Estrategias más profundas

Para obtener ayuda de emergencia con la ansiedad, aquí hay dos enfoques bastante diferentes pero muy efectivos, del fundador de The School of Life, Alain de Botton, y de la pionera en el tratamiento de la ansiedad, la doctora Claire Weekes.

Alain de Botton es un hombre interesante. Él cree (y yo creo que tiene razón) que la ansiedad es a menudo algo que creamos dentro de nuestra cabeza, en lugar de algo más aterrador; que en efecto es una distracción, una actividad de desplazamiento. Una especie de rueda que gira. Y plantea la idea como una pregunta...

«Si no estuviera llenando mi mente con estos pensamientos ansiosos, ¿en qué tendría que pensar en este momento?».

Y con toda amabilidad, da algunos ejemplos:

«Podría darme cuenta de lo triste y solo que estoy».

«Podría darme cuenta de lo enojado que estoy con mi pareja».

«Podría darme cuenta de lo abandonada que me siento».

A la mayoría de las personas les resultará familiar al menos una de esas tres respuestas. Lo cierto es que son cosas incómodas y cuesta identificarlas, y muchas emociones salen a flote. Pero cuando utilizas la mansión de cuatro plantas, pronto descubres que las emociones están bien, hacen su trabajo y nos dicen a dónde debemos ir. No pueden hacernos daño. (Cuando éramos niños, nuestros padres a menudo se comportaban como si las emociones debieran evitarse a toda costa: grandes agujeros en los que caeríamos y nunca saldríamos). Déjame repetirte que las emociones no te harán daño, pero, en cambio, no sentirlas podría.

La ansiedad se asemeja a una especie de miedo crónico de bajo grado, y en parte eso es cierto, pero eso a lo que temes podrías ser tú mismo. Alain nos invita a cambiar nuestra ansiedad por un tipo de sufrimiento diferente y más valioso, uno que te lleva a alguna parte. Nos invita a cambiar nuestra ansiedad por «una confrontación con la ambivalencia real y la complejidad de la vida». ¡Bravo!

Si esto no te resulta útil, entonces Claire Weekes podría ser la persona adecuada para ti. La doctora Weekes es vista por muchos terapeutas como la mayor experta en ansiedad del siglo pasado, y ella vivió la mayor parte de ese siglo. Científica pionera que luego se formó como doctora, ella misma sufría de una ansiedad paralizante, y estaba muy motivada para curarse a sí misma. Observó que hay dos etapas en cualquier ataque de pánico. La primera, una oleada de miedo frente a ciertas situaciones, que de hecho todos experimentamos cuando estamos fuera de nuestra zona de confort. Es algo natural que le puede pasar a cualquiera con un sistema nervioso sensible (que normalmente es bueno tener). Pero debido a que tenemos una comprensión tan pobre de las emociones, al principio las personas se desconciertan: ¿qué me pasa? ¿Estoy teniendo un ataque al corazón? ¿Me voy a volver loco? Y luego, naturalmente, estos pensamientos los asustan. Entran en pánico por estar en pánico. Y es esta segunda ola de pánico creada por uno mismo lo que hace que los síntomas se mantengan. En lugar de quedarse con el proceso del miedo para que se disipe naturalmente, las personas ansiosas lo bloquean tratando de detenerlo.

Es como tratar de calmar el agua golpeándola.

Claire descubrió que los viejos métodos de terapia conductual estaban claramente equivocados. Tratar de relajar el miedo significaba que se luchaba contra él, en lugar de permitirlo.

Aconsejó un enfoque de cuatro pasos:

1. **Enfréntate**. Entra en situaciones que te hagan sentir ansiedad (siempre que sean seguras) y no tengas miedo de sufrir un ataque de pánico. Realmente necesitas tenerlos para acostumbrarte a ellos, para descubrir por ti mismo que realmente no importan. (Nota importante: hoy en día, los terapeutas abogarían por no forzarte a situaciones que te aterroricen, sino por tener una persona de apoyo, y dar pequeños pasos,

incluso solo imaginándolo al principio, y dejar que tu cuerpo se acostumbre a las olas de adrenalina. Puedes utilizar las cuatro plantas de tu mansión para digerir y permitir que el pánico se disip).

2. **Acepta** los sentimientos de pánico (o, en otras palabras, simplemente observa todo lo que hace tu cuerpo: temblores, palpitaciones, visión borrosa, etc.). No luches contra ellos ni te preocupes por ellos. (Por supuesto, si vas conduciendo o en una calle concurrida, ¡es posible que debas detenerte durante un minuto o dos!). Déjalos pasar a través de ti, siendo consciente de ello como pura sensación. Weekes escribe: «la aceptación es un proceso fisiológico definido que eventualmente alivia». Esto requerirá tiempo y múltiples experiencias porque «se necesita tiempo para que el nuevo estado de ánimo de aceptación se experimente como paz».

3. Una vez que hayas permitido que el pánico se presente por completo, **flota** a través de él. Weekes lo describe como no tensarse o ponerse rígido, sino que, en la medida de lo posible, hay que aflojar los músculos, casi hasta el punto de «derrumbarse». Haz una respiración profunda y exhala lentamente, varias veces. E imagínate flotando, como una nube, a través de la experiencia. No tratas de detener la experiencia del pánico, simplemente te separas de ella.

4. **Deja pasar el tiempo**. Tu cuerpo completará la descarga de adrenalina y, naturalmente, se calmará. No te estreses por el tiempo que tardes. Poco a poco, los episodios se reducirán.

Weekes tiene claro que esto requiere su tiempo, ya que es un gran cambio de actitud y una reconfiguración de tu cerebro para acompañarlo. Preocuparse por «¿Estoy mejor ahora?» no es el camino que uno debe seguir. El mejor enfoque es «No importa cuanto tarde, porque el pánico no importa. Se pasa pronto».

Decenas de miles de personas consideran que Claire Weekes les salvó la vida. Sus libros y cintas de audio, con su tono de abuela, afectuoso pero sensato, siguen siendo un recurso maravilloso.

Una última cosa: la ansiedad no siempre tiene una causa psicológica. Puede ser el resultado de circunstancias de vida reales y dañinas: las demandas imposibles de un trabajo o un rol en la familia, un matrimonio infeliz, un entorno de vida pobre o la falta de tiempo o espacio para sentirse en paz. Y así, como dijo Alain de Botton al principio, es posible que descubras que algo en tu vida necesita cambiar. No todo está en tu cabeza.

Escucha a tu propio cuerpo a menudo, a medida que transcurre el día. Es divertido e interesante, y te dirá cada vez más verdades sobre ti y tu vida. Identificarás, y luego admitirás, tus dudas mucho antes de que se conviertan en problemas serios. Por ejemplo, alguien mencionará un tema y sufrirás un tic en la sien, o se te erizarán los cabellos, o sentirás una sacudida de miedo en el estómago. O tal vez sientas una oleada de calidez en tus entrañas, o un salto en el corazón, ¡no todos los temas son desagradables!

Utiliza estas sensaciones como una guía de cómo «te sientes realmente» detrás del exterior amable. Cuando alguien te pregunta cómo te sientes acerca de una idea, un plan, una decisión (a dónde ir de vacaciones, una compra costosa, qué trabajo aceptar, si este médico es adecuado para ti), deja que tu cuerpo emita un juicio y tenlo en cuenta. Cambiarás el lenguaje que utilizas. Dirás: «No me siento bien al respecto por alguna razón; déjame pensarlo», o «No me siento cómodo con la idea, pero todavía no puedo identificar por qué. Dame un momento».

Tu familia y tus hijos pronto usarán también ese lenguaje. Afinarán su intuición y su capacidad de pensar bien. Un día, tu hijo o hija que está de vacaciones con amigos en Ámsterdam, Bangkok o Chicago, habrá bebido más de la cuenta. Estará a punto de subirse a un coche.

Agarrado a la portezuela del automóvil con una mano y con una botella en la otra, les dirá a sus compañeros: «Sabéis, estoy realmente cansado. Me subo a la habitación, quiero acostarme temprano. Y eso marcará la diferencia.

Una última cosa

Hay una última cosa. Algunos hemos estado tan condicionados por la educación que hemos recibido que negamos por completo nuestros estados corporales. Creemos que estamos bien, pero solo porque estamos adormecidos. Los hombres a menudo lo hacen porque desde una edad temprana les dicen que deben ser valientes, o las mujeres porque les dicen que pongan a los demás primero. A veces necesitamos que alguien nos dé una buena patada en las posaderas para darnos cuenta de cómo nos está yendo.

Tengo una amiga muy querida que enseguida se da cuenta de si estoy bien o no. Es autista, por lo que su preocupación es mitad por mí y mitad por ella misma; no se siente bien con las emociones melancólicas no expresadas: la desconciertan y la asustan.

Mi joven amiga dice, con verdadera preocupación: «No eres feliz». «Sí, lo soy», proclamo. «Estoy bien». «No, no lo estás». Y luego admito, después de rebuscar un poco dentro de mí, que, bueno, sí, me siento un poco mal. Y de hecho, tengo algunas pequeñas preocupaciones. En efecto, a medida que hablamos, me doy cuenta de que son preocupaciones bastante grandes. Y hablamos sobre cómo podría abordarlas. «Lo sabía», dirá ella, ¡y entonces se relajará!

Esto es lo que hacen los terapeutas. Con el apoyo de la indagación genuinamente cariñosa y suavemente penetrante de otra persona, el paciente se adentra (en las sensaciones de su cuerpo) y admite, bueno, sí, que lo está (triste, enojado, asustado, emocionado, enamorado, listo para la aventura), y se va y hace algo al respecto. Ayudar a los seres humanos a unir sus propios interiores, a poner sus cosas en orden, es realmente lo más importante que podemos hacer por ellos. (Aparte de cocinarles una buena comida o cuidar a sus hijos). Pero es útil si puedes hacerlo tú mismo, y una vez que comiences casi siempre lo conseguirás.

EJERCICIOS DE REFLEXIÓN CORPORAL DEL 1 AL 4

1. Las personas varían enormemente en cuanto a cuán conscientes son de su propio cuerpo. Si tuvieras que elegir una categoría, dirías que eres:
   a. Muy cerrado y ajeno a mi cuerpo.
   b. Sobre el promedio, consciente a veces pero no siempre.
   c. Muy en contacto con la sensación, el movimiento, con estar cómodo y consciente de mi cuerpo casi todo el tiempo.

Una de las cosas clave que hace nuestro cuerpo es reclamar nuestra atención, ya que no podemos funcionar si no lo cuidamos adecuadamente. Lo hace a veces al experimentar dolor o al funcionar mal de alguna manera que no podemos ignorar. Puede ser cualquier cosa, desde una indigestión hasta problemas de rodilla, dolores de cabeza o de cuello.

2. ¿Respondes y haces algo cuando tu cuerpo te envía señales? ¿Te detienes y descansas o te echas una siesta cuando estás cansado? ¿Te mueves cuando estás rígido? ¿O normalmente anulas tu cuerpo y sigues adelante?

3. ¿Hay partes de tu cuerpo que te duelen o parecen no funcionar muy bien, de manera recurrente o con frecuencia? (Ten muy claro aquí que también hay razones médicas por las que podría darse esto. En cualquier caso, es importante averiguarlo, y luego, si es necesario, obtener ayuda médica).

La conciencia de tu cuerpo puede ser tan simple como notar la fatiga, o un dolor de barriga por comer con prisas y tragar aire, o tan complejo como sentir el pecho oprimido o la garganta cerrada por haber tenido un padre violento con el que tuviste que lidiar de niño.

4. ¿Crees que podrías tener afecciones corporales que son un legado de tiempos difíciles que no se han curado adecuadamente?

Sube a la tercera planta de tu mansión, la del pensamiento, y anímate un poco: has sobrevivido y prosperado hasta ahora, y abordas con inteligencia los problemas de tu vida. Con las herramientas de este libro, es posible que descubras que en el futuro puedes acelerar la curación y la comprensión de tu cuerpo y ser mucho más consciente y amoroso con él.

4

LA SEGUNDA PLANTA
Las emociones y cómo potencian
tu vida

En la primavera de 1987 estábamos esperando un bebé. Ya teníamos un niño de tres años, y este era un segundo hijo muy esperado. Pero a los cuatro meses de embarazo, mi esposa de repente sufrió un aborto natural. Aterrorizados, corrimos al hospital. Todo lo que recuerdo ahora de ese momento es a Shaaron de pie en la ducha, llorando, con pequeños pedazos de materia, tejido gelatinoso, saliendo de su cuerpo, y a mí, completamente vestido, pero sin preocuparme por la humedad, estirando los brazos para sostenerla y agarrar esos pedazos en busca de alguna señal de nuestro anhelado hijo. Fue triste y terrible, aunque en ese momento estaba concentrado en consolarla, de mil maneras apenas adecuadas, y en manejar los aspectos prácticos. Eso fue un viernes por la tarde, y al día siguiente me contrataron para realizar un fin de semana de capacitación con catorce personas, intenso y lleno de necesidades. En el transcurso del fin de semana les conté lo que nos acababa de pasar, pero mi trabajo era estar allí con ellos y eso fue lo que hice. En las semanas que siguieron, simplemente me entumecí. El feliz camino que habíamos recorrido para tener un nuevo bebé había desaparecido en el vacío. Shaaron se retiró a su propio espacio y cuando le preguntaba, eso era lo que quería hacer. El tiempo parecía congelado, la vida era gris y los días se convertían en semanas. Luego, una tarde, fui al salón para seminarios que habíamos construido en nuestra finca, un hermoso espacio parecido a una capilla. Descolgué la guitarra de su gancho y me senté en el suelo con las piernas cruzadas; la luz del sol entraba a raudales. Hice lo que muchos músicos hacen en un momento de ocio: dejar que las canciones salgan por sí mismas. Algunos acordes al azar se convirtieron en la canción «Ruby Tuesday» de los Rolling Stones y Melanie Safka, y comencé a cantarla suavemente para mí. «Mientras el sol brilla, o en la noche más oscura, nadie lo sabe, ella viene y luego se va...»

Y me abandoné. Estallé en grandes sollozos, mis ojos no solo lloraban, se llenaron de lágrimas. Me incliné sobre mi guitarra hasta el punto de que mi cabeza casi tocaba el suelo, meciéndome de un lado a otro. «Adiós, Ruby Tuesday. ¿Quién podría ponerte un nombre?». La letra no pretendía, estoy seguro, describir nuestra situación, pero la mente es algo maravilloso. Ahora sabía lo que había perdido: era una niña, una hija, y el dolor era tan profundo. Simplemente no tenía idea.

Incluso escribiendo esto, treinta años después, todavía puedo sentir esas emociones, y estoy agradecido de haber podido liberarme y viajar con ellas, y volverme más vivo, no más insensible, gracias a haber aprendido más sobre mi propio corazón. Ahora tengo una hija maravillosa, y Shaaron y yo hemos aprendido a estar más unidos en los momentos difíciles. También he aprendido algunas cosas sobre cómo ayudar a los hombres con el duelo. De esa época surgió mi libro *Manhood*, que ha ayudado a otros hombres a hacer sus propios viajes de sanación. Está claro que vale la pena tener a mano una guitarra, o al menos una canción, en todo momento.

Las emociones son tan fundamentales para el ser humano como respirar o caminar. Todos sentimos emociones constantemente, y una nueva investigación muestra que incluso nuestros sueños, a menudo intensamente emocionales, son una parte esencial para suavizar y resolver nuestras ansiedades y miedos. Las emociones son «una respuesta interna a algo que sucede en el exterior», diseñadas para impulsarnos a través de una situación de intensidad inusual (buena o mala), para que podamos volver al equilibrio. Hasta hace poco, asombrosamente pocas personas, incluidos muchos psiquiatras, entendían realmente por qué tenemos sentimientos, y durante varios cientos de años, las culturas del norte de Europa, como la británica, intentaron vivir sin ellos. ¡El resultado fue mucha tristeza y mucho aburrimiento!

Las emociones son la fuente de nuestra vitalidad y las impulsoras del significado de nuestras vidas y, afortunadamente, por fin estamos aprendiendo a aceptarlas. En este capítulo te daremos la bienvenida a la pista de baile vibrante y multicolor que es la segunda planta de tu mansión, donde habita tu corazón y estalla tu fuerza vital para ser liberada.

Cómo funcionan las emociones y por qué las tenemos

Cuando muchas personas piensan en las emociones, las ven como un problema. Pero hacernos amigos de las emociones nos demuestra que pueden ser muy útiles. Así es cómo funcionan.

Imagina esto. Tu día comienza como cualquier otro. Te despiertas, desayunas, das besos de despedida a tus seres queridos y te vas al trabajo. Pronto vas por la carretera en tu coche, perdido en tus pensamientos. Entonces, de repente, algo delante de ti llama tu atención. Un automóvil que venía por el carril contrario ha perdido el control de alguna manera y ahora está en tu carril, derrapa, las llantas chirrían y se dirige directamente hacia ti.

¡Cada músculo de tu cuerpo se tensa, pisas el freno, con los ojos muy abiertos, gritando tu improperio favorito! Sin ningún lugar al que escapar, solo tienes tiempo para pensar: «¡Oh, no!», y luego, sorprendentemente, a solo unos metros de distancia, el conductor se desvía de nuevo a su propio carril y pasa sin siquiera rozarte. No hay mucho que puedas hacer más que seguir conduciendo. Vibras como si fueras un gong al que acaban de golpear, te las arreglas para llegar al trabajo, donde tienes problemas para mantener firme la taza de café. Lo extraño de esta historia es que, en cierto sentido, no ha pasado nada. No has muerto, ni siquiera te han rayado el coche. Sin embargo, psicológicamente han sucedido muchas cosas. Tu cerebro ha registrado que podrías haber muerto o haber resultado gravemente herido y tu vida cambiar para siempre. Has mirado a la muerte a la cara, has actuado de repente, más allá de tu experiencia habitual. Y en unos segundos todo ha terminado.

Pero ahora llevas una «carga» residual en tu cuerpo que necesita ser tratada. Recuerda qué es una emoción: es un cambio en el interior en respuesta a un evento del exterior. Y es un cambio necesario y útil. Es como si te hubiera caído un rayo y ahora llevaras esa electricidad dentro de ti. (En realidad, es una gran explosión de hormonas como la adrenalina, la noradrenalina, el cortisol o las endorfinas, pero sigamos con la metáfora de la electricidad, porque eso es lo que se siente: ¡estás cargado!)

Dado que, después de todo, los coches no han chocado, y no había necesidad de hacer nada al respecto, te quedas en un lugar bastante extraño. Tienes este repentino exceso de energía en tu sistema y no tienes adónde ir. Cuando llegues al trabajo, probablemente intentarás descargar esa energía hablando. «No creerás lo que me acaba de pasar…». Al regresar con tus seres queridos les darás todos los detalles. Si eres una persona emocionalmente abierta, y los que te rodean son personas de las que te fías y son afectuosas contigo, es posible que te eches a llorar o que pidas un abrazo y te estremezcas al soltar la «carga» almacenada en tu cuerpo. Dejarás escapar pequeños destellos de «relámpagos» durante todo el día.

Si no lo haces, o no tienes la oportunidad, la carga permanecerá en tu cuerpo. Y se sumará a otras emociones no descargadas que puedas haber experimentado. Esta acumulación de sentimientos no expresados es lo que llamamos «trastorno de estrés postraumático», el estrés que queda después de que desaparece el trauma. Pero aquí está lo extraño: los seres humanos estamos diseñados para el trauma. La vida a menudo era bastante aterradora y dramática para nuestros antepasados, y evolucionamos para manejar eso por el método de dejar salir nuestros sentimientos. En muchas culturas, las personas sollozan, lloran y se consuelan unas a otras después de que haya sucedido algo malo, y hablan desde el corazón mucho más que nosotros, por lo que pueden hacer frente a muchas cosas. Y las viejas culturas también crearon el tiempo y el espacio para hacerlo. El trastorno de estrés postraumático es una consecuencia natural del trauma: sucede cuando ha habido incidentes graves uno tras otro, sin posibilidad de curación. Como que nuestra cultura no le ha prestado atención, se ha convertido en un problema de salud masivo para millones de personas, a menudo quienes hacen el trabajo más valioso, pero peligroso, en nuestro nombre, como los trabajadores de emergencia, las fuerzas de paz, los soldados, la policía, los periodistas, los médicos y las enfermeras. Durante años, la cultura en torno a estas profesiones fue no mostrar emociones, y eso resultó ser lo peor posible. Las culturas antiguas, desde los maoríes hasta los griegos, tenían rituales y ceremonias pensadas para ayudar a rehumanizar a sus guerreros. Nosotros solo les ofrecimos cerveza.

Para evitar que sufras el trastorno de estrés postraumático, lo primero que debes recordar es que tus emociones eran naturales y, de hecho, podrían haber sido necesarias. Si un coche se detuviera con un frenazo a solo unos centímetros de chocar con el tuyo, y un par de adolescentes se bajaran y se rieran de ti, es posible que les hubieras reventado uno de los faros de una patada, bajo el espíritu de la crianza comunitaria. Te habría ayudado a sentirte mejor, ya que estarías lidiando con la ira generada por haber sido puesto en riesgo tan tontamente. Quizá lo más útil es que si les hubieras hablado con severidad y te hubieras negado a irte sin llamar a la policía, habrías hecho del mundo un lugar más seguro. Habría sido débil e inútil simplemente dejar pasar el incidente. La ira es necesaria para ser fuerte y estar concentrado, y todos necesitamos tener algo en reserva. Si hubiera ocurrido una colisión, entonces también se habrían necesitado tus emociones. Con tu automóvil destrozado y en llamas, es posible que hubieras luchado para salir de los escombros, corrido a un lugar seguro u obtenido ayuda para las personas heridas o atrapadas. La adrenalina te habría hecho notablemente fuerte y rápido. El miedo habría sido tu amigo, te habría dado energía y habría hecho que «no sintieras dolor» mientras hacías lo que era necesario.

Lo peor de todo es que, si alguien hubiera muerto, un transeúnte inocente, por ejemplo, tu llegada a la oficina habría sido muy diferente. La conmoción y el dolor, y los sentimientos intensamente ralentizados, te habrían dificultado realizar tu trabajo. Probablemente habrías tenido que irte a casa y habrías necesitado algún tipo de asesoramiento.

Pero la cosa es que (y esta es una idea desafiante, lo sé) si todo ese terrible incidente se manejara de manera adecuada y tu cuerpo lo procesara por completo, al final se habría convertido en una experiencia útil y reafirmante de la vida. Habrías resultado agrandado, y una persona más amable y sabia para el resto de tus días. Mis clientes a menudo me dicen, hacia el final del proceso de curación de eventos muy severos, que no se arrepienten de lo que pasó, por lo que aprendieron sobre la vida. De hecho, eso es un buen indicador de que están curados.

> *Recuerda qué es una emoción: es un cambio en el interior, en respuesta a un evento del exterior. Y es un cambio necesario y útil. Es como si te hubiera caído un rayo y ahora llevaras esa electricidad dentro de ti.*

Crecimiento postraumático

Saber cuán frágil es la vida, que la muerte siempre está cerca, es una idea fundamental para una vida sabia y bien vivida. Un amigo mío es un renombrado periodista, que se enorgullecía de haber estado en docenas de situaciones de pesadilla hasta que, un día, sucedió lo inevitable e implosionó con severos síntomas de ansiedad: pensamientos intrusivos, pesadillas, ira incontrolable y tsunamis de culpa y miedo. Incapaz de encontrar la ayuda que necesitaba incluso en las mejores instalaciones de tratamiento, se educó a sí mismo en la curación de traumas.

Lo hizo porque, de lo contrario, ya no habría podido funcionar como padre o esposo, y lo más probable es que se hubiera quitado la vida, un paso que consideró a menudo debido al puro tormento de sus síntomas. Empezó a aprender que hay un lugar más allá de todo esto, pero no es la normalidad. Es un paso tanto espiritual como cognitivo para ser más plenamente humanos. El maestro budista Stephen Levine lo llamó «abrir el corazón en el infierno». Sabes lo que sabes, pero aún puedes decidir confiar, amar y estar a gusto. No es fácil, pero es real.

Los terapeutas han comenzado a referirse a esto como «crecimiento postraumático». El primer mensaje que transmito a los terapeutas que capacito es que dejen de patologizar a sus pacientes traumatizados y que nunca apunten simplemente a «volver a la normalidad». La normalidad es una recompensa estúpida, y si has pasado por una experiencia desgarradora, nunca debes desperdiciarla volviendo a ser «tu viejo tú». De hecho, no puedes. Avanza, deja que te lleve más alto. ¿Qué sentido tiene el sufrimiento, excepto dejar que te convierta en alguien que se preocupa profundamente por los demás y está agradecido por estar vivo?

Las emociones, si aprendes a dejarlas hacer su trabajo, te ayudarán a superar la situación y luego a superar las consecuencias, a medida que continúes aprendiendo y creciendo a partir de lo que ha sucedido. Puede ser muy profundo: eres mortal. ¿Cómo cambia eso tus planes? Puede ser un pensamiento cotidiano, pero muy útil: la gente puede hacer tonterías en el tráfico. ¿Eso altera la forma en que debes conducir? Y así sucesivamente.

Entonces, las emociones son procesos vitales que te ayudan durante un evento y después del mismo. Te ayudan a reensamblar tu sentido de identidad en el mundo. Pero, ¿qué son? ¿Cómo trabajan? Eso es algo que todo ser humano a cualquier edad necesita saber sobre sí mismo. Aquí va...

Las cuatro grandes emociones

Las emociones vienen en el *pack* de ser mamífero, y algunas, como la tristeza y el dolor, están ahí porque somos animales avanzados que podemos recordar (también los elefantes y los grandes simios sienten tristeza). Y te complacerá saber que las emociones son muy simples. Al igual que los colores primarios, todos las tonalidades de las emociones humanas se mezclan a partir de un puñado de emociones primarias. Hay solo cuatro sentimientos básicos: alegría, ira, tristeza y miedo. Todo lo demás, todas las emociones complejas que los seres humanos logran tener, como los celos, la nostalgia, la envidia y, por supuesto, el amor, son combinaciones de estos cuatro. Sin embargo, los sentimientos encontrados pueden empujarnos en diferentes direcciones, y eso hace que sea difícil llegar al fondo. Por ejemplo, los celos son ira combinada con miedo. Pero la ira envía un mensaje de retroceso, mientras que el miedo le pide a la persona que se acerque. No en vano, esta mezcla es casi siempre un desastre. Si estamos celosos, es mejor expresar el miedo y resolverlo de una forma u otra. Siempre que se mezclen los sentimientos, uno será el «primario» y, si te quedas con ese, es más probable que encuentres una salida.

Lo que hará un buen terapeuta es ayudarte a llevar esas mezclas complejas de emociones a sus ingredientes básicos y abordar cada uno por turnos. No es una mala manera de abordar cualquier cosa que te inquiete o te moleste. Siéntate y escríbelo: en esta situación, ¿por qué estás triste? ¿Por qué estás enojado? ¿De qué tienes miedo? ¿Qué te hace sentirte bien? Esto a menudo traerá ideas sorprendentes y también será muy catártico y puede ayudarte a saber qué hacer a continuación. Por lo general, una de esas cuatro será más fuerte que las demás, y esa será la que se atenderá primero. Entonces quizá otra salga más a la superficie. Los sentimientos, una vez atendidos, comienzan a ordenarse y equilibrarse. Poco a poco, como te mostraremos en las siguientes páginas, te irás desenredando.

Una vez asistí a una hermosa sesión de terapia grupal a cargo de mis maestros Bob y Mary Goulding. Un joven decía que tenía miedo de mostrar su verdadero yo a una pareja potencial. Cuando se le preguntó por qué, dijo: «Por si me rechaza». Mary Goulding, una audaz mujer de setenta años con acento de taxista de Nueva York, dijo: «Pero si a ella no le gusta tu verdadero yo, ¿no es mejor que lo sepas directamente? ¡Puedes decirle adiós y seguir adelante!». Y cuando pudo ver que la idea se asentaba en él, sonrió cálidamente. «Hay muchas mujeres positivas y cálidas en el mundo que se mueren por encontrar un hombre de buen corazón». Y se volvió hacia el resto de mujeres que asistían al evento y vio cómo asentían y sonreían. Cada sentimiento primario tiene un trabajo que hacer. Comencemos con el más simple y primitivo. El miedo nos ayuda a estar seguros, nos impide hacer cosas arriesgadas o mortales. Si podemos escapar, entonces eso soluciona el problema. Cuando tenemos miedo de manera continua, algo a lo que debemos enfrentarnos, necesitamos personas que nos apoyen. Un abrazo es un buen comienzo, ya que nos tranquiliza el cuerpo. Es una ayuda inmediata. Luego entra nuestro cerebro: necesitamos obtener información y diseñar un plan que nos permita reconstruir alguna estructura para lidiar con lo que ha venido. Para reducir la velocidad y pensar las cosas. Cuando el cerebro está seguro de que las cosas son correctas y están en su lugar, el miedo desaparece. Ha hecho su trabajo.

La ira también es bastante sencilla. Su trabajo es energizarnos para defender nuestro espacio, mantenernos firmes o evitar que nuestra identidad sea engullida. A las personas enojadas se les debe dar espacio para que su mensaje sea escuchado y sea tomado en serio. Sin embargo, no es una licencia para dar miedo o ser violento; volveremos a eso un poco más adelante. A menudo, la clave para manejar nuestra propia ira es aprender a hablar en la fase más temprana, no esperar hasta que estemos realmente enfadados. Los padres experimentados fingirán que están enojados para despertar a sus hijos, alzando la voz o hablando con dureza, pero sin hostilidad real. (Los niños lo sienten en ambos niveles: su cerebro dice: «Será mejor que me dé prisa», pero su supersentido no detecta una inseguridad inminente y amenazadora). Cuando se les pide que piensen en una persona enojada, la mayoría de las personas se imaginan a un hombre grande de rostro enrojecido, acechante y amenazador. Pero eso es ira disfuncional, ira mal utilizada. En una persona sana, la ira puede ser fuerte, puede ser clara, pero no debería poner en peligro a nadie. Simplemente debe utilizarse para establecer algunos límites, y eso puede llevarse a cabo con bastante calma. La tristeza es más gradual y profunda. Su propósito es facilitar el proceso de dejar ir, cuando no tenemos otra opción, a personas y cosas valiosas para nosotros. Una vez más, por lo general, ser capaz de hablar es un buen comienzo, pero a medida que luchamos con el dolor de dejar ir, una persona de confianza que esté cerca, o incluso que nos abrace mientras dejamos que el dolor fluya, lo hará más fácil. Eso y mucho tiempo ajeno a nuestras vidas normales durante el que llorar y reflexionar. Sorprendentemente, el acto de llorar libera hormonas que reducen el dolor en el cuerpo, lo que ayuda a sanar el intenso dolor mental causado por la pérdida de alguien o algo en nuestro mundo. Llorar no es el problema, es la solución y significa que las cosas han comenzado a mejorar.

Pero si el duelo es algo que no se puede evitar, algunas cosas sorprendentes pueden ayudar a mitigar sus efectos. El baile, la música, las caminatas largas y el tiempo para reflexionar también ayudan. Lo peor que podemos hacer es buscar el entumecimiento, y nada trastorna tanto el proceso de duelo como consumir alcohol o drogas, o cualquier actividad compulsiva, para huir de él. Hay que enfrentarse al duelo. La tristeza es la emoción más larga y lenta de resolver, porque implica reconfigurar grandes áreas de nuestro cerebro para adaptarse a la pérdida. Y el resultado será un crecimiento, no una disminución. No debemos simplemente seguir adelante, eso nos robaría algo. Mientras nos afligimos, guardamos detalles de la persona o de la situación en nuestro cerebro bajo la etiqueta de «desaparecido pero no olvidado», como recuerdos valiosos. Estos recuerdos siguen siendo un recurso para la vida. Al final hay riqueza y aprecio cuando recordamos a la persona que una vez tuvimos en nuestra vida. La tristeza, como todas las emociones, viene en oleadas, y esas oleadas se asientan en una especie de dulce balanceo que nos recuerda que estamos vivos.

Y por último, la alegría. ¿Qué es la alegría? En todos sus matices (emoción, placer, regocijo, satisfacción) nos ayuda a celebrar la vida y ser agradecidos. Deberíamos encontrar formas y oportunidades para expresar o sentir alegría siempre que podamos. Bailar, reír, hacer el tonto o simplemente notar en silencio la maravilla del mundo. La alegría inunda nuestro cuerpo con hormonas que aumentan la inmunidad, curan el daño y ayudan a que nuestro cerebro crezca. Pero ¿quién necesita una razón?

Las emociones son estados fisiológicos tan fuertes que podemos experimentarlos como verdaderamente profundos, y su función es tanto una brújula que apunta hacia lo que necesitamos como una fuente de energía para llevarnos hasta allí. No hay emociones «negativas»: todas están destinadas a ayudarnos, protegernos y energizar nuestras vidas. Seríamos bastante aburridos sin ellas; de hecho, no podríamos sobrevivir en absoluto. El renombrado neurocientífico Antonio Damasio descubrió que, cuando las personas pierden el acceso a sus emociones (a través de algún ictus grave o un traumatismo), pueden estar intelectualmente ilesas, pero tienen grandes problemas para tomar decisiones o elegir acciones. Damasio cuenta la trágica historia de un eminente científico que necesitaba que le extirparan la parte emocional de su cerebro a causa de un tumor. Después, sus compañeros de trabajo se lo encontraban simplemente bloqueado por alguna pequeña decisión, como a dónde ir a almorzar. Las emociones nos ayudan a decidir. Esto está implícito en la manera en que hablamos: me «siento» seguro, me «siento» inquieto. Las emociones nos ayudan a saber qué valoramos. Se unen a nuestro pensamiento racional para hacerlo de alguna manera más completo y sabio. Sin embargo, también pueden salirse de control y hacer que nuestro pensamiento se vuelva loco, por lo que nunca debemos dejarlos solos a cargo de las cosas. (Hablaremos más sobre este tema más adelante).

UN NIÑO AFLIGIDO

A menudo la vida es dura. Siempre habrá cosas que nos entristezcan, nos asusten o nos desanimen. A veces, lo que más necesitamos de quienes nos aman es que entiendan eso, y que estén ahí, a nuestro lado...

Una mañana, en el patio de recreo, Darius, de cinco años, parecía triste, y Janelle, la maestra, se acercó a él.

—¿Cómo estás hoy, Darius?

—Estoy un poco triste, señorita.

—¿Y por qué estás triste?

—Echo de menos a mi madre.

Janelle sintió que se le hacía un nudo en el estómago porque, seis semanas atrás, la mamá de Darius había muerto después de una larga enfermedad. La escuela conocía las circunstancias y había estado vigilando al niño para asegurarse de que estaba bien. Janelle sabía cómo estabilizar su cuerpo en torno a las emociones, sintió sus pies en el suelo y respiró, miró al niño a los ojos y le dijo:

—¿Qué es lo que hoy echas de menos de ella?

Darius no tuvo problemas para responder.

—Cuando me hacía daño, ella me daba un beso en la herida y se me pasaba.

Janelle se acercó ligeramente para ponerse a su lado, cerca pero fuera de su campo de visión.

—¿Te gustaría que te diera un beso? ¿Sería de alguna ayuda?

Darius no dijo nada, solo levantó la mano que se había arañado al caerse minutos antes. Ella le dio un besito en la mano suavemente y lo miró a los ojos.

—Gracias, señorita —dijo, e inmediatamente salió corriendo para unirse a los otros niños.

Janelle sabía algo importante: que un gran dolor en realidad se compone de muchos pequeños dolores. Cada uno necesita tiempo para ser sentido, conocido y querido. No todos pueden arreglarse, pero pueden ser reconocidos y atendidos como corresponde. Los sentimientos se cuidan solos, tal como fueron diseñados, pero se necesita a otro que se preocupe por ellos para que eso suceda sin problemas. Animar a alguien, o decirle que no se sienta así, o actuar demasiado rápido para tratar de arreglar algo que realmente no se puede arreglar, solo bloquea el proceso y hace que sea más difícil de sanar. Los seres humanos pueden manejar cosas terribles, pero solo si quienes los rodean se sienten cómodos con los sentimientos intensos y están ahí para echar una man).

Distinguir emociones

Las emociones comienzan en el cuerpo, pero son más específicas y desarrolladas que las sensaciones de las que hablábamos en la «planta baja». El dolor de estómago de tu hija puede ser solo una indigestión, pero también puede significar que la están acosando en la escuela. Está asustada, pero es posible que no sepa muy bien cómo decírtelo. Necesita tu ayuda para llegar suavemente al fondo de las cosas. Una gran parte de la crianza de los hijos consiste en ayudarlos con sus sentimientos, y no siempre hay que dar soluciones, pero siempre hay que escuchar con cariño esos sentimientos y permitirlos.

Los sentimientos son grupos de sensaciones corporales, por ejemplo, una mandíbula apretada, una sensación de calor, hombros tensos, una ráfaga de energía en la cabeza y la cara, que a menudo ocurren juntas y señalan algo específico y distinto: una emoción. En este caso, la ira. Recuerda siempre, una emoción es un proceso; es algo que va a alguna parte. Si te sientes atrapado en una emoción, algo anda mal. Hablar de ello casi siempre es útil. Luego utiliza tu supersentido para encontrar una manera de gestionarlo. Fíjate en qué parte de tu cuerpo se localiza; por lo general habrá una ubicación específica, muchas veces varias. A menudo tenemos tristeza en los ojos o los senos paranasales, ira en los hombros o la mandíbula, tristeza en el vientre, pero no son zonas fijas, ya que varía en cada persona.

Cuando iba a clases de kárate en mi adolescencia, se nos mostraba una forma específica de cerrar el puño para lograr el impacto más efectivo. Cuando me amenazan (¡una publicación hostil en Facebook es lo peor en mi universo!), la primera señal es que, por voluntad propia, mi mano se cierra en puño. ¡Mi mano parece saber que estoy enfadado antes que yo!

Cada emoción tiene un conjunto completamente diferente de signos corporales. En una escena inolvidable de *Salvar al soldado Ryan*, dos militares en automóvil llevan un telegrama a una granja remota. Steven Spielberg filmó esta escena a distancia, sin sonido, para que no veas la cara de nadie. Una mujer con delantal llega al porche, toma el telegrama, lo lee y cae de rodillas. Eso es todo lo que necesitas ver para saber qué ha pasado. El duelo es primario y universal: un llanto con la boca abierta, sollozos profundos que nacen del vientre, lágrimas que corren por las mejillas, un cuerpo que se curva hacia adelante o que cae al suelo. La tristeza es una experiencia de todo el cuerpo, solo podemos lidiar con ella rindiéndonos y dejando que haga su trabajo.

EL MENSAJE DEL SEÑOR ROGERS

Si has crecido en cualquier lugar fuera de los EE.UU., entonces te perdiste algo que realmente valía la pena: el programa de televisión para niños llamado *Mr. Rogers' Neighborhood*. Se emitió durante treinta y tres años y fue parte de la vida de los niños pequeños durante toda una generación.

El trabajo de Fred Rogers se celebró en una película reciente con Tom Hanks, *Un amigo extraordinario,* y en un documental aclamado y muy conmovedor emitido por Netflix, llamado *¿Quiere ser mi vecino?* Mira cualquiera de las dos y aprenderás mucho sobre cómo ser humano.

Rogers era un ministro presbiteriano recién graduado, también titulado en Música, que vio la primera televisión en casa de su madre en 1951. Le horrorizó la falta de respeto a la dignidad humana en la programación infantil de la época. Y, por supuesto, no ha mejorado mucho.

Fred trabajó con los principales psicólogos infantiles de su época para crear un programa de televisión diario sobre las emociones, sobre cómo llevarse bien con las personas y sobre cómo gestionar la autoestima. Con títeres pintorescos, un ritmo lento y agradable para los niños y la gentil presencia de Rogers, se convirtió en uno de los programas más exitosos en la historia de la televisión.

Los mensajes que enseñaba son una base para la salud mental a cualquier edad:

1. Concéntrate en la persona con la que estás. Debes estar con ella completamente. (Rogers, pura magia en la pantalla pero también en persona, se dirigía a un solo niño, se detenía para que lo entendiera, irradiaba buena voluntad y respeto gentil: sentías que él también tenía un niño tímido dentro de él, pero que simplemente había descubierto las delicias de la conexión humana y te las ofrecía).

2. Todo el mundo, desde los niños pequeños hasta los asesinos en serie, necesita ser amado incondicionalmente (de hecho, cuando ocurrían asesinatos en masa o cosas terribles, Rogers siempre tuvo claro que esa era la razón: los perpetradores no habían sido amados como necesitaban, por lo que sintieron que tenían que hacer «algo grande»).

Rogers abordó los temores de los niños en la época de los asesinatos de los Kennedy, por ejemplo; no se avergonzaba de lo que sabía que estaban escuchando y con lo que lidiaban en esos años turbulentos. Entendía el mensaje profundamente radical, probablemente el hecho más importante del desarrollo infantil, de que solo cuando nos sentimos amados y valorados «tal como somos» podemos desarrollarnos hasta lo que podríamos llegar a ser. Amar a los niños incondicionalmente (y demostrarlo) es lo que los libera para crecer.

3. Todos tenemos un niño tímido y nervioso dentro de nosotros que se asusta o se enoja fácilmente y necesita ayuda para manejar sus emociones. «¿Qué haces con la locura que sientes?» era un tema habitual del espectáculo y el título de una de sus canciones más memorables. Señaló que los niños apegados a las pistolas o las espadas de juguete (y se podría agregar a los políticos o dictadores que hacen lo mismo) estaban asustados por lo débiles que se sentían en el mundo. Y les decía a los niños pequeños que eran fuertes por dentro, lo que por supuesto aspiraban a ser. Y poder ser vulnerable y hablar de sentimientos con alguien de confianza era la valentía misma.

4. El dolor y la pena son totalmente naturales e inevitables en la vida, pero disminuyen y regresa la alegría. El dolor puede parecer insoportable en ese momento (muchos de los visitantes de su programa eran niños que habían perdido a sus padres, el divorcio era un tema que abordaba con frecuencia y, por supuesto, los niños en esa época también tenían muchas enfermedades incurables, pero uno se puede enfrentar a todo y llevarlo a un nivel humano. Rogers entendió que era la conexión humana lo que hacía que la vida fuera soportable, por lo que debíamos hablar con los niños sobre sus sentimientos y miedos. Lo expresó de manera muy

simple: «Si es mencionable, es manejable». No era tan difícil. Solo tenías que estar preparado para que tu propio corazón también se hiciera cargo.

5. Y, finalmente, nosotros los adultos tenemos un trabajo muy importante que hacer: debemos luchar contra el maltrato y la explotación de los niños que siempre habrá en el mundo. Tenemos que proteger la infancia para que pueda ser el momento del desarrollo que estaba destinado a ser, y los niños puedan crecer fuertes.

¿Por qué nos cuesta tanto lidiar con los sentimientos?

Si los sentimientos son tan simples, ¿por qué tenemos tantos problemas? No es ningún misterio. El siglo xx, especialmente la primera mitad, fue una pesadilla: dos guerras mundiales, depresiones masivas, formidables flujos de refugiados en todo el mundo. Nuestros bisabuelos sufrieron un trauma enorme. A menudo simplemente desconectaban sus emociones, porque en una emergencia eso es lo que haces. Pero luego no podían volver a la luz. No entendían lo que ahora llamamos «detonante» y, por lo tanto, no podían soportar ver o escuchar las emociones en sus hijos, y los castigaban por mostrarlas. Nuestros padres fueron criados por esos padres, y aunque los efectos comenzaron a desaparecer, todavía había muchas familias en las que la vida era demasiado peligrosa: el alcohol estaba involucrado, padres violentos o madres que simplemente no podían hacer frente a la vida, existía el abuso sexual de los niños, pero nunca se habla de eso. Entonces, incluso en la generación en la que nosotros éramos niños, a menudo las personas no podían soportar que mostráramos sentimientos. Si nos sentíamos mal y se lo contábamos a nuestros padres, es posible que nos hicieran pasar un mal rato y entonces nos sentíamos doblemente mal.

Demostrar tus verdaderas emociones internas es mostrarte vulnerable: alguien podría menospreciarte, podrías no gustarle, o no importarle. Pero puede hacer lo contrario, y preocuparse por ti y querer ayudarte. Si no muestras tus sentimientos, ¿cómo puede alguien siquiera conocerte? La maravillosa narradora Brené Brown lo ha explicado muy bien: si no puedes mostrar vulnerabilidad, razona, si no puedes correr riesgos, entonces nada bueno puede suceder, ni amor, ni intimidad, ni confianza, ni creatividad, ni verdadera alegría. Tómate un minuto para asimilar esto: nada bueno en la vida sucede sin vulnerabilidad. Por lo tanto, es muy importante que al menos puedas hablar sobre tus sentimientos, por muy incómodo que pueda resultarte al principio. Después se vuelve más fácil.

> *La conversación entre personas que estaban comprometidas con la vida de manera intensa no solo continúa después de la muerte, sino que mejora y se hace más profunda. Arraigados y entretejidos y en nuestras neuronas, están muy vivos.*

POR QUÉ LA AFLICCIÓN NO ES UN ADIÓS

A veces, una idea que en un principio es útil puede, a su vez, convertirse en algo que nos detiene. Un muy buen ejemplo de esto es el concepto de «cierre», o de «pasar página».

En la década de 1970, una psiquiatra suiza-estadounidense de verbo claro y directo llamada Elisabeth Kübler-Ross puso patas arriba las creencias de su época sobre la muerte y el hecho de morir. Ahora es difícil creer que, hace apenas una generación, los médicos y los familiares mantenían en secreto el diagnóstico de cáncer al paciente moribundo. Millones de personas vivieron sus últimos días en una agonía de fingimiento, confusión y distancia emocional, porque simplemente no les dijeron la verdad.

Recuerdo la angustia de una joven paciente mía que vino a trabajar a Australia con un contrato de dos años, sin saber que, en Irlanda, su amado hermano tenía un cáncer terminal. Su esposa y los médicos lo mantuvieron en secreto para él y todos los demás. Entonces, un día impactante, mi paciente simplemente se enteró de que su hermano había muerto. Nunca llegó a despedirse de él. Ni siquiera tuvo tiempo de volar a casa para su funeral.

Kübler-Ross cambió las cosas por completo. Convenció al mundo de la necesidad y la bondad de pasar mucho tiempo con el moribundo, despedirnos plenamente y aclarar cualquier asunto pendiente. Ese duelo era natural y bueno, y progresaba a través de etapas que eran una parte necesaria que dejar ir. Pero, junto con estos buenos mensajes, de alguna manera se insinuaba la idea de que, algún día, el dolor terminaría. Que habría un cierre.

Ahora, el cierre por supuesto tiene significado y valor. Hoy en día, las madres y los padres de bebés que nacen muertos pueden sostener y mantener a su bebé fallecido durante el tiempo que lo necesiten. Para examinar sus deditos, sus caras. Para abrazarlos y llorar por ellos. Una de las tragedias humanas más profundas se suaviza, incluso cuando se intensifica, y después de un día o una semana, los padres descubren que pueden dejar ir a ese niño.

Al permitirse sentir, sus corazones se han aliviado.

Cerrar no significa olvidar. La idea de las etapas del duelo no significa, por tanto, que tenga un final, ni siquiera que queramos que lo tenga. Eso sería un profundo malentendido acerca de lo que los seres humanos significan unos para otros. No somos meros objetos para ser descartados cuando nuestra utilidad ha terminado. Una relación no termina cuando la persona se ha ido físicamente. Las culturas tradicionales, que sabían mucho sobre la naturaleza de la mente, estaban mucho más comprometidas con los muertos: los mantenían cerca emocional e intelectualmente.

Entonces, debemos hacer una pregunta fundamental: ¿qué pasa si el proceso de duelo no es dejarse ir en absoluto? ¿Y si es una integración de una persona con su propio corazón? Es posible que hayas amado a una pareja o querido a un amigo durante cuarenta o cincuenta años. Te ha enriquecido, consolado y amado inmensamente, y tú a ellos.

(Ciertamente, este es mi caso. Si pudiera elegir un solo regalo sobresaliente de mi propia pareja, Shaaron, es que me ha hecho una mejor persona. Aprender a llevarme bien con ella, escuchar cuán diferentes son sus experiencias de las mías, crecer a través de innumerables crisis y aprietos, y la forma en que nos hacemos reír mutuamente me ha hecho que no sea ni remotamente la persona arrugada y desordenada que podría haber sido. Todos a los que he ayudado con mi trabajo tienen una gran deuda con ella. Si ella muere antes que yo, ¿quiero «superarla»? ¿Quiero pasar página? ¡Diablos, no!).

La conversación entre personas que estaban profundamente comprometidas con la vida no solo continúa, sino que mejora, se profundiza y crece, incluso después de la muerte. La asombrosa manera en que nos enredamos en la conciencia del otro significa que, a medida que nuestra vida y crecimiento continúan, también lo hace nuestra relación con la persona que ha muerto. Muchas películas han aprovechado esta idea porque la experiencia de una conexión continua es total y neurológicamente real.

Solo por esa razón, vale la pena tomarse muchos meses o años, si es necesario, para asentar la memoria, sentir la pérdida, reflexionar y absorber; para apartarte un tiempo de todas las preocupaciones normales y entrar en un periodo liminal, para caminar por la playa, estar solo, escribir o crear; para que podamos llevar a estas valiosas personas aún más profundamente en nuestros corazones.

Cómo utilizar tus emociones

A pesar de todo su poder y significado, las emociones siguen siendo un fenómeno práctico y del aquí y ahora que puedes aprender a experimentar más cómodamente.

¿Cómo utilizas tus emociones? Funciona así: en cualquier situación, siempre que puedas hacerlo, todos los días de tu vida, escucha a tu cuerpo, tal como aprendimos en el capítulo anterior, y, efectivamente, a veces encontrarás que hay algunas sensaciones fuertes y a menudo desagradables que no desaparecen. De hecho, parecen intensificarse paulatinamente. Este es el sistema de alerta temprana de tu mente que te dice que algo en tu mundo mental o exterior necesita tu atención en ese momento.

Por ejemplo, imagina que alguien te ha defraudado dos veces seguidas, y parece que lo hará de nuevo. Cuando te enfocas en ese hecho, sientes un poco de calor y tal vez un poco de tensión en los hombros. Sí, estás enfadado y tiene sentido: no respeta tus necesidades o límites, y es hora de hacer algo, de hacer cambios. Puedes contarle tus sentimientos, las razones que los generan y cómo te afecta su comportamiento. (Thomas Gordon llama a esto una «declaración en primera persona»: me siento _____cuando tú_____porque_____, y me gustaría que tú _____. Gritarle palabrotas o insultos es impactante, pero no transmite mucha información, ¡y tiende a poner al otro a la defensiva!).

En cualquier relación, los límites deben descubrirse mediante ensayo y error. La persona con la que estás enfadado mostrará vergüenza y remordimiento, y te darás cuenta de que realmente tiene la intención de cambiar, o parecerá renuente o escurridiza, y sabrás que no debes confiar en ella en el futuro. De cualquier manera, estarás mejor y tus sentimientos disminuirán un poco.

La ira puede tomar un curso diferente, una vez que lo piensas. Puedes decidir que esa no es una relación importante para ti, tal vez sea una relación con un vendedor o un proveedor, y que tienes alternativas. Así que puedes maldecir, soltar palabrotas y contárselo a algunos amigos, pero lo más importante es que no volverás a relacionarte con esa persona. Esa decisión utiliza la energía de la ira, en efecto, para construir una valla, para cortar un lazo. Y hace que tu vida sea mejor. Fritz Perls, el inventor de la terapia Gestalt, dijo que ¡se necesita ira incluso para comerse una zanahoria! Como pingüinos en una colonia, organizando los espacios para anidar, así es como nos llevamos. Unos picotazos y la gente sabe que no debe meterse con nosotros. Incluso las relaciones más cercanas tienen también límites, y la intimidad real solo es posible cuando nos definimos con claridad. Así que no te asustes si te enfadas con alguien a quien amas. Enfócate en ese problema en el aquí y ahora. No digas: «Tú siempre…» o «Tú nunca…». Introduce tu ira con «En este momento…», para que sea manejable. Puedes sentir devoción, estar comprometido y adorar a alguien y todavía «en este momento» encontrarlo enormemente irritante o insufrible. ¡Así son las relaciones!

Una emoción no es algo en lo que perderse o dominar. Las rabietas son para los niños pequeños, y luego se supone que debemos superarlas. Si la ira, o cualquier otra emoción, te resulta abrumadora o se te ha acumulado por alguna razón, llévala a un lugar seguro y déjala salir. Hazles saber a las personas que necesitas más tiempo para lidiar con tus sentimientos. Tómate ese tiempo, utiliza el supersentido para encontrar el camino hacia esa emoción y llega hasta el fondo de ella. Luego, vuelve al tema cuando estés más conectado a tierra y te hayas aclarado. Es posible, y todos podemos aprender a hacerlo, estar enfadado y aun así estar muy tranquilo, seguro y despejado.

Cuando no es realmente ira

Esto es importante recordarlo. Alguien que está muy enfadado, como una pareja violenta o controladora en un matrimonio, casi nunca está enojado, sino asustado. La historia de su infancia probablemente contiene episodios de abandono o de abusos, por lo que acumuló mucho miedo durante su infancia o juventud y lo cubre con ira. Por supuesto, la ira es todo lo que vemos, por lo que es natural no darse cuenta de dónde viene, y la persona misma puede que tampoco lo identifique. Hasta que obtenga ayuda, esto la vuelve muy peligrosa, porque las reacciones de las personas a su ira se suman al miedo subyacente, que luego se convierte en más ira que se acumula y alimenta el ciclo. Necesitamos con urgencia dar más ayuda a esas personas, tan pronto como sea posible.

Como este condicionamiento está presente con más frecuencia en los hombres, necesitamos servicios y programas que entiendan que la agresión masculina proviene de un lugar en el que habita el miedo, y que ayuden a esos hombres a reconocer y procesar sus traumas infantiles o necesidades del pasado, a no mezclarlos con las personas con las que ahora comparten sus vidas.

Algunos de nosotros apenas tenemos acceso a nuestra ira, hemos sido adiestrados para ser amables y eso puede resultar notablemente incapacitante. Estuve en esa categoría durante gran parte de mi vida. En la década de 1980, Shaaron, un pequeño grupo de amigos y yo fundamos el primer servicio telefónico Youthline, para la prevención del suicidio en los jóvenes, en nuestra parte del mundo. Reunimos un maravilloso grupo de voluntarios y los entrenamos intensamente, pero aún necesitábamos fondos para hacerlo realidad.

Para recaudar el dinero, asumimos la gestión de la entrada y la venta de *tickets* para un festival folclórico local. Me encontré con un equipo de jóvenes, en su mayoría menores de veintiún años, preparándose para lidiar con grandes multitudes, incluidas pandillas de motociclistas y borrachos, durante varios días y noches, en media docena de lugares. Justo cuando las cosas estaban en marcha, mi «lugarteniente» principal, un buen amigo que me había animado a iniciar el proyecto, se me acercó con un grupo de compañeros que no conocía. Me explicó que quería asistir a los conciertos en lugar de quedarse atrapado vendiendo entradas u ocupándose de nuestro equipo.

Entonces tenía unos veinticinco años y era una persona muy diferente de la que soy ahora. Simplemente asentí y dije: «Oh, está bien, claro», no le dije que eso duplicaría mi estrés y mis responsabilidades, y que haría que los jóvenes estuvieran menos seguros. Y simplemente lo dejé pasar. Siento incredulidad, ahora, por haber sido tan cobarde. Algún tiempo después, sucedió algo casi hilarantemente simbólico. La cometa de un niño se atascó en un árbol en nuestra granja. Mi amigo estaba allí y sostenía una escalera mientras yo trataba de recuperarla. La escalera comenzó a resbalar y, en lugar de sujetarla más, simplemente dio un paso atrás y la dejó caer. Tuve que saltar para evitar caer en una maraña de escalones y ramas rotas en el sendero de cemento. Mi amigo literalmente «me decepcionó».

Después de aquello, ya no éramos amigos. Tras años de terapia (psicodrama, Gestalt, trabajo corporal, grupos de encuentro, entrenamiento en terapia familiar), ¡me puse en contacto con mi ira! No exploté, aunque tal vez debería haberlo hecho; podría haber sacado a la luz algo importante y haber extraído algo positivo de ello: simplemente acabé por enviarle un correo electrónico explicándole el caso, y nunca más volví a verle.

La primera función de la ira es la autoprotección. En las relaciones, también tiene otra dimensión: significa que la relación te importa. Si alguien, un amigo o tu pareja, está enfadado contigo, significa que todavía está interesado en ti. Todavía piensan que la relación bien vale la pena la energía que invierte en ella. Cuando renunciamos a algo, cosa que a veces debemos hacer, las emociones también disminuyen. Y eso podría ser justo lo correcto. Sentimos algo de dolor, y luego seguimos adelante.

No te conviertas en tus emociones

El corazón de la inteligencia emocional es conocer tus emociones y sentirlas plenamente, pero no confundirlas con todo tu ser, para que no te quedes atrapado en una sola planta de tu mansión. Todo el mundo conoce a alguien que lo emociona en su camino por la vida, eso que mi anciana madre llamaría «te pone como loco». Y todos conocen a una persona inadecuada, a menudo no muy brillante, que utiliza la ira como una manera de estar en el mundo. Son personas que sienten demasiado y necesitan pensar más. (Por supuesto, algunos individuos piensan demasiado y necesitan sentir más. ¡Averiguar de qué tipo eres tú resulta en una transformación vital!)

> *La clave de la inteligencia emocional es conocer tus emociones y sentirlas plenamente, pero no confundirlas con todo tu ser.*

La habilidad que crecerá en ti al leer este libro es que, poco a poco, te darás cuenta de que eres un observador tranquilo, alguien que se mueve con facilidad por las habitaciones de su mansión, sin quedarse atascado en ninguna de ellas. Comenzarás a notar ira, miedo, tristeza o alegría, incluso cuando son solo pequeños comienzos, microemociones, si lo prefieres. Pero podrás salirte de ellas, como si estuvieras viendo pequeños animales tímidos emerger en un claro. Con el tiempo, incluso en el dolor, el terror o la furia más intensos, descubrirás que todavía puedes ser un espectador tranquilo, un observador. Las emociones pueden estar en pleno auge: gritas cosas que realmente necesitas expresar, o sollozas salvajemente en tu cama, o en los brazos de alguien, o tiemblas por algo que casi ha sucedido, dando rienda suelta, aunque de manera segura, a tu yo salvaje. Sin embargo, también estás silenciosamente asombrado por tu propia intensidad y vivacidad: «¡Guau! ¡Escúchate! ¡Vamos, chica!». Si te das cuenta de que estás en un mundo más amplio, y permaneces en tu cuerpo para que este siga firme, dejarás que esos sentimientos hagan su trabajo y se vayan de ti, y llegarás al otro lado y encontrarás una paz profunda. (Recuerdo la primera vez que pude llorar, después de casi veinte años sin hacerlo. La sensación de paz fue increíble).

POR FAVOR, ESCUCHA LO QUE
NO ESTOY DICIENDO

Hace muchos años, mi trabajo principal era capacitar a *counselors* y un fin de semana volé a un pueblo del interior de Australia para adiestrar a médicos de la región. Pasamos el primer día aprendiendo las habilidades de escuchar a la persona en su totalidad, sus sentimientos, situación y poder ganarse así su confianza.

Al día siguiente, uno de los médicos mayores compartió una historia. Durante la noche lo llamaron al turno de urgencias. Una mujer joven había sido trasladada en avión desde una estación remota, en trabajo de parto prematuro. Corría el riesgo de dar a luz meses antes de tiempo y probablemente necesitaría otro vuelo de emergencia a una capital. Pero había tiempo para hablar con ella, y él se sentó a su lado y puso a prueba algunas de sus recién aprendidas habilidades.

Ella le dijo que vivía en una granja muy aislada con su esposo y su suegra, y que esta era muy crítica y le encontraba fallos sin cesar. Con la llegada de un nuevo bebé, eso había aumentado y ella se sentía profundamente infeliz. El médico se sentó con ella mientras la historia salía a la luz, y prácticamente solo la escuchaba, bastante sorprendido de que una paciente le contara cosas tan personales.

Para su sorpresa, mientras hablaban, las contracciones que tenía disminuyeron y luego cesaron por completo. El vuelo de emergencia se suspendió y, por la mañana, se mantenía estable y había descansado. El equipo del hospital decidió que le darían la opción de quedarse en el pueblo durante el resto del embarazo, por su seguridad y la del bebé, y ella lloró de alivio. El doctor, un tipo de hombre sensato pero algo malhumorado, estaba eufórico de haber encontrado algunas herramientas nuevas para ayudar a sus pacientes. Al reconocer los entresijos de las demás personas, las tratamos de manera muy diferente. Y también ellas se revelan más plenamente. Todo va mejor.

> *Un gran dolor se compone de muchos*
> *pequeños dolores.*

En conclusión

Incluso un día normal en nuestras vidas puede generarnos fragmentos sobrantes de las emociones que hemos experimentado. Así que, siempre que puedas, resuelve esas emociones bajando a la planta baja de tu mansión, y trátalas como sensaciones. Fíjate dónde se está reteniendo la sensación: el vientre, los hombros, la garganta o cualquier otra parte de tu cuerpo. Luego ablándala y sé consciente de la región que rodea a la sensación de bloqueo. Dale a esa energía sostenida más espacio para respirar y expandirse. Date cuenta de que, de hecho, la emoción está empezando a moverse, a crecer, a cambiar en tu cuerpo o a disolverse. Pronto aprenderás a hacerlo en tiempo real; mientras mantienes una conversación o en otra experiencia, puedes respirar y procesar las emociones y dejar que te informen. Comenzarás a decir cosas como «Me siento incómodo con esa idea», o «Todavía no me siento a gusto con eso, déjame un día para pensarlo». Y actuarás en consecuencia. Las emociones son una fuente de energía para producir cambios. Pero si parecen ser excesivas o claramente «sobrantes», encuentra una manera de descargarlas, como municiones que ya no se necesitan, ¡es peligroso dejarlas ahí!

Es posible que debas esperar a tener tiempo y espacio. Luego simplemente permítete hacer lo que tu cuerpo quiera hacer, de manera segura. Llora, golpea un colchón, abraza una almohada, grita si no hay nadie cerca. Fíjate si salen de ti palabras específicas. Interésate objetivamente en que tu propia sabiduría curativa te guíe. Puede ser dramático o muy sencillo, como el sol saliendo por entre las nubes. Siempre vale la pena. La madurez significa no cargar con las emociones una vez que han hecho su trabajo. Las has liberado y puedes respirar tranquilo de nuevo. Millones de parejas sufren abortos espontáneos, tal como nos ocurrió a mí y a Shaaron hace cuarenta años. Es un evento importante en la vida y uno tiene que trabajarlo. Como pude llevar a cabo el duelo, mis emociones me llevaron a través de ese proceso. Como resultado, no tuve miedo de intentar tener otro bebé. Shaaron y yo pudimos volver a acercarnos más, y no me quedé encerrado en un caparazón congelado, en el que en realidad solo me escondía del dolor que acompaña a la vida. Pude abrir mi corazón a nuestras hija y nietas, y saber que la vida es tan frágil, pero tan resistente, que tener un corazón abierto es la única manera de vivir en este mundo. ¡Espero que este capítulo haya sido esclarecedor para ti y te haya ayudado a sentirte mejor! Las emociones se suman a la enorme riqueza de información que nos da nuestro cuerpo. Nos dan poder y energía. Pero también son como niños inocentes, hermosos y gigantes, con sus rabietas y sus lágrimas a lo largo de la vida. Y los niños necesitan a un adulto a su alrededor. Y es evidente que también necesitamos algo más: una mente clara y un sentido de propósito. Y eso nos lleva a la siguiente planta, el intelecto, el cerebro en tu cabeza. El lugar donde se puede encontrar el significado.

TUS EMOCIONES: EJERCICIOS DE REFLEXIÓN DEL 1 AL 6

1. Algunos de nosotros simplemente no nos damos cuenta de nuestras emociones, o solo lo hacemos cuando estallamos. Dirías que te sientes:

    a. Cómodo con tus emociones.

    b. Cómodo con unas, pero no con otras.

    c. Más bien carente de emociones, no consciente de ellas en absoluto.

2. Algunos de nosotros gestionamos nuestras mentes a un alto nivel de agitación y estamos llenos de emociones intensas la mayor parte del tiempo. No nos enraizamos en nuestro

cuerpo ni disminuimos la velocidad ni pensamos con suficiente claridad. ¿Tu experiencia al respecto es que sueles quedarte «atrapado» en las emociones y, a menudo, abrumado por el miedo, la ira o la tristeza?

3. ¿Con cuál de las cuatro emociones te sientes más cómodo: ira, tristeza, miedo o alegría?

4. ¿Cuál reprimes o no sientes, incluso en circunstancias en las que te ayudaría experimentar esa energía o expresión? ¿Qué emoción, en otras palabras, es más probable que «reprimas»? Si bajas a la planta baja de tu mansión, ¿puedes sentir en qué parte de tu cuerpo tiende a almacenarse esa emoción?

5. ¿Piensas que experiencias pasadas en particular se han quedado encerradas dentro de ti, que sufres TEPD. (Llegaremos a esto en el siguiente capítulo, ¡ahora solo responde sí o no!.

6. ¿Eres capaz de presenciar con calma tus propias emociones, aceptarlas y guiarlas para que encuentren su lugar y hagan su trabajo?

Este libro desarrollará en ti esta habilidad, a medida que tu movilidad entre las cuatro plantas de tu mansión se vuelva más familiar y fácil. La habilidad de ser sincero, sentirte cómodo y seguro con las emociones es poder, incluso en medio de ellas, mantener la mente clara y consciente, observar desde la tercera planta y darte cuenta: «Vaya, estoy enfadado» o «Lo que siento es que me invade una gran ola de tristeza». Y también estar abierto a hablar de ello con tus seres queridos.

5

SECCIÓN ESPECIAL
El trauma que todos
necesitamos sanar

Nota: en tres puntos a lo largo de este libro, vamos a «romper» el flujo secuencial de los capítulos y aplicar lo que hemos aprendido hasta el momento a un problema del mundo real. Esta primera sección aborda uno de los factores más dañinos para la felicidad, la paz y la cooperación humanas: el asombroso número de víctimas que se cobran los traumas intergeneracionales. La fuerte evidencia que surge de que casi todos en el siglo XXI han resultado heridos por el siglo anterior, y cómo diagnosticar y curar eso en tu propio caso.

Puedes saltarte estas secciones si lo prefieres, pero te animo a que te quedes. Aquí es donde se pone a prueba lo que has aprendido hasta ahora para hacer que tu vida tome un curso diferente y mucho mejor.

* * *

No sé si tienes amigos o familiares que sean profesionales de la enfermería, pero son más bien un grupo único. Me casé con una mujer cuya familia tiene cinco enfermeras y mi mundo social incluye muchas más.

Las enfermeras y enfermeros tienden a hacer que un simple psicoterapeuta guarde silencio y escuche cuando su intenso mundo de vida o muerte se abre brevemente a la vista. Una vez, hace mucho tiempo, sentadas alrededor de una mesa a altas horas de la noche, unas hermanas muy mayores me dijeron algo que me puso los pelos de punta. Las enfermeras pueden ver la enfermedad en las personas que las rodean. Simplemente caminando por la calle o en el supermercado, se encuentran, si no tienen cuidado, diagnosticando a completos extraños y transeúntes. Puede ser algo un poco difícil de reprimir y es una señal de que tal vez necesitan unas vacaciones.

Del mismo modo, los psicoterapeutas también vemos el mundo de manera diferente. Estamos entrenados para darnos cuenta de cuándo las personas tienen problemas, a partir de las pequeñas señales que dan sus rostros, la manera en que respiran y cómo sostienen sus cuerpos. Y, por supuesto, nuestro trabajo implica que las personas confiesen cosas que ni siquiera sus mejores amigos conocen. Así que sabemos algo que la mayoría de la gente no sabe: que muchas personas que parecen estar bien en realidad no lo están. En este capítulo, veremos evidencias sorprendentes de que el trauma no resuelto (personal e intergeneracional) es tan común que afecta a la vida de casi todos. Es tranquilizador saber si la vida te ha resultado difícil: «No eres Robinson Crusoe», como solía decir mi padre (y quería decir «No estás solo»). Es básicamente la razón de la gran crisis de salud mental que se vive hoy en día en todo el mundo. Pero conocer al menos la escala del problema significa que ahora podemos arremangarnos y hacer algo al respecto. Y poner en acción el conocimiento que se encuentra en todo este libro: que el trauma se puede curar.

Estamos juntos en esto

En la década de 1960, hubo dos grandes avances en el mundo del *counseling*. El primero fue el advenimiento de la terapia de grupo, por las que se trabaja juntos en los problemas en lugar de mantener siempre a las personas separadas. Y, estrechamente relacionado con eso, el surgimiento de grupos de autoayuda como Alcohólicos Anónimos y muchos otros, desde supervivientes al cáncer de mama hasta padres solteros.

Esencialmente, estos dos avances cambiaron nuestro mundo. De ser una cultura que mantenía todo en secreto (actos con terribles consecuencias: incesto, alcoholismo, violencia familiar, duelo no resuelto y enfermedades mantenidas en secreto), comenzamos a emerger a la sanadora luz del día. Es una gran alegría para los grupos de terapia ver a las personas descongelarse de su aislamiento inicial y acercarse increíblemente a medida que se dan cuenta de que todos tenemos luchas, y eso está muy bien; y comenzar a sanar, a veces con una rapidez que avergüenza a los métodos psiquiátricos más antiguos: dejar los medicamentos y darse cuenta de que a menudo el problema está en el mundo y no en sus cabezas; y sentir una ira curativa en lugar de una inferioridad paralizante. En las décadas que siguieron, esta cultura de compartir más abiertamente ha llevado a una visión diferente del coraje y de la dignidad. Y esta visión entiende que lo que hace que los seres humanos realmente brillen no es el éxito o la perfección, sino cuán valientes son al abrir sus corazones y seguir creciendo a pesar de los muchos contratiempos y daños que han soportado. No tengo ninguna duda de que tú también formas parte de este viaje heroico.

Es un proceso que aún tiene mucho camino por recorrer. Solo mira los hechos básicos: la tasa del 40 % de rupturas matrimoniales, el problema aparentemente intratable de la violencia familiar, la reciente epidemia de ansiedad en los jóvenes, el creciente problema del suicidio incluso entre las personas prósperas y exitosas: todo ello nos grita que algo va mal. Si solo una de cada cincuenta personas tuviera una enfermedad psiquiátrica, sería plausible culpar a algún desequilibrio cerebral o químico. Cuando la tasa es de uno de cada cinco, o más, entonces debemos buscar otra explicación: que el problema no está en nuestros cerebros o cuerpos, sino en la forma en que vivimos.

En este capítulo, te mostraremos la evidencia convincente de que casi todas las personas que crecen en una sociedad industrial o posindustrial están traumatizadas. En primer lugar, a través de las «experiencias infantiles adversas», una manera de cuantificar los incidentes o situaciones perjudiciales que interrumpen la infancia. Y en segundo lugar, incluso a través de las condiciones normales de vida en el mundo moderno, que son tan diferentes de aquello para lo que fueron diseñados nuestros sentidos, sistema nervioso, cuerpo y cerebro. Son grandes afirmaciones, pero en el mundo de la terapia se están convirtiendo en un fuerte consenso.

Este no es un argumento de que el pasado, al menos durante muchos siglos, fue una gran época en la que vivir. Ni que debamos rechazar los muchos y grandes avances realizados para el bienestar humano. Pero el siglo pasado simplemente produjo tantos daños masivos, con guerras catastróficas, recesiones, flujos de refugiados, cambios sociales en la familia, la comunidad y nuestras relaciones con la naturaleza, que hemos acumulado un legado de trauma que vive en los cuerpos de la mayoría de nosotros. Y nuestra forma de vida actual lo está empeorando. Este capítulo te ayudará a aclarar, en tu propia vida personal, qué daño puedes estar cargando y qué hacer al respecto.

Experiencias infantiles adversas

A veces, los mayores avances en medicina suceden por completo accidente. En la década de 1990, una gran aseguradora de salud de EE.UU. llamada Kaiser Permanente creó una red nacional de clínicas para bajar de peso, para atender a pacientes en su mayoría de clase media, y presumiblemente acomodada.[3]

A pesar de las sólidas inscripciones al principio, la empresa se sintió consternada al descubrir que al poco tiempo casi la mitad de los participantes había abandonado. Kaiser decidió investigar y se dio inicio a un

---

3. En los EE.UU. no existía el Sistema Nacional de Salud ni ningún programa de asistencia para las personas mayores en ese momento, por lo que solo las personas acomodadas o con buenos trabajos tenían una cobertura de salud segura.

estudio. Aquellos que habían abandonado el programa recibieron encuestas anónimas, completas y detalladas. Todos los investigadores eran personas de mente abierta, pero lo que encontraron fue profundamente impactante. El grupo que había abandonado el programa tenía un factor común distintivo: una incidencia muy alta de abuso sexual en la infancia. Esto planteó dos preguntas: ¿cómo podría vincularse una experiencia infantil tan terrible con niveles peligrosos de aumento de peso? Y una pregunta mucho más importante: ¿el abuso sexual estaba realmente tan generalizado, no era reconocido y la población general no hablaba de ello? En la década de 1990, yo también había llegado a esta conclusión. A lo largo de esa década trabajé capacitando a psicoterapeutas en programas intensivos de seis meses, y nos sorprendió descubrir que alrededor de un tercio de nuestros alumnos habían padecido abusos sexuales y otro tercio había sufrido otros traumas, como la muerte de un hermano, criarse en una familia violenta o adictiva o que había sufrido un trágico accidente, etc. Esto comenzó a formar la creencia, que todavía mantengo, de que los mejores terapeutas han «estado allí» en sus propias vidas y pueden ayudar a otros desde una profunda comprensión.

Vincent Felitti, investigador principal de Kaiser, sabía que la cuestión debía abordarse adecuadamente. Buscó la ayuda de los Centros para el Control y la Prevención de Enfermedades, que gestionan las epidemias y los problemas de salud a gran escala en los EE.UU. Seleccionaron al azar a 17.000 miembros del fondo de salud. Se trataba de personas que, por definición, tenían seguridad financiera: eran el 75 % blancos y su edad promedio era de cincuenta y siete años. La mayoría se había graduado en la universidad, todos tenían buenos trabajos.

Se les entregó el cuestionario y luego los resultados se cotejaron con su estado de salud, al que, por supuesto, la aseguradora tuvo acceso detallado. Fue una ventana sin precedentes a cosas que normalmente no sabemos sobre las personas que nos rodean. Lo que encontraron hizo historia médica y ha cambiado para siempre la manera en que vemos la vida contemporánea. Pero primero, aquí están las preguntas.

(La mayoría de los lectores responderán por sí mismos, y eso es algo muy útil. Ten cuidado de traer recuerdos a la luz y reduce la velocidad o tómate un descanso si te sientes inquieto. Si te sientes incómodo de manera continua, asegúrate de buscar ayuda profesional).

ESCALA DE EXPERIENCIAS INFANTILES ADVERSAS (ACE en sus siglas en inglés)

Antes de que tuvieras dieciocho años...

1. ¿Un padre u otro adulto en el hogar a menudo o muy a menudo te maldecía, insultaba, menospreciaba o humillaba? ¿O actuaban de una manera que te hacía temer que te lastimaran físicamente? SÍ/NO

2. ¿Un padre u otro adulto en el hogar a menudo o muy a menudo te empujaba, te agarraba con fuerza, te abofeteaba o te lanzaba cosas? ¿O alguna vez te golpearon tan fuerte que te dejaron marcas o heridas? SÍ/NO

3. ¿Alguna vez un adulto o una persona al menos cinco años mayor que tú te tocó o acarició o hizo que tú tocaras su cuerpo de manera sexual? ¿O alguien intentó o realmente mantuvo relaciones sexuales orales, anales o vaginales contigo? SÍ/NO

4. ¿Con frecuencia o muy a menudo sentiste que nadie de tu familia te quería o pensaba que eras importante o especial? ¿O tu familia no te cuidaba, no se mostraba cercana o no te apoyaba? SÍ/NO

5. ¿Sentiste a menudo o muy a menudo que no tenías suficiente para comer, que tenías que ponerte ropa sucia y que no tenías a nadie que te protegiera? ¿O tus padres estaban demasiado borrachos o drogados para cuidarte o llevarte al médico si lo necesitabas? SÍ/NO

6. ¿Alguna vez perdiste a uno de tus padres biológicos por divorcio, abandono u otra razón? SÍ/NO

7. ¿Tu madre (o madrastra) era empujada, agarrada, abofeteada o le lanzaban objetos con frecuencia o con mucha frecuencia? ¿O a veces, a menudo, o muy a menudo, la pateaban, mordían, golpeaban con el puño o con algo duro? ¿O alguna vez la golpearon repetidamente durante al menos unos minutos o la amenazaron con una pistola o un cuchillo? SÍ/NO

8. ¿Viviste con alguien que era un bebedor o un alcohólico problemático, o que consumía drogas callejeras? SÍ/NO

9. ¿Un miembro del hogar estaba deprimido o mentalmente enfermo, o un miembro del hogar intentó suicidarse? SÍ/NO

10. ¿Un miembro del hogar fue a prisión? SÍ/NO

La puntación es simplemente el total de las respuestas afirmativas.[4]

En resumen, hay diez factores: abuso emocional, abuso físico, abuso sexual, negligencia emocional, negligencia física, divorcio o pérdida de un padre, violencia familiar, alcoholismo o adicción de los padres, enfermedad mental, encarcelamiento. Por supuesto, estos diez factores eran solo algunas de las cosas que podían estar presentes en los años de formación de un niño, ya que no se mencionaba la pobreza, la guerra, el racismo, la falta de oportunidades educativas, la mala vivienda o las enfermedades, pero los elementos principales quizá resumen los efectos de estos otros dentro de una familia, que es donde los niños los experimentan más intensamente.

---

4. Esta es una versión simplificada, la versión completa utilizada en el estudio se encuentra en www.ajpmonline.org/article/S0749–3797(98)00017–8/fulltext.

¿El trauma es realmente algo muy común?

Lo que asombró a los investigadores fue lo común que era el trauma. El equipo de Felitti descubrió que el 67% de la muestra tenía al menos un punto en la lista, mientras que el 40% tenía una puntuación de al menos dos. ¡Más del 12% tenía una puntuación de cuatro o más! Recuerda, era un grupo de personas acomodadas. (Como se sabe, solo las personas acomodadas pueden pagarse un seguro médico en los EE.UU., a diferencia de en Australia y el Reino Unido, donde la atención médica es un derecho humano). Para una minoría racial, con bajos ingresos, que vive en condiciones deficientes (como al menos la cuarta parte de los estadounidenses o británicos), las puntuaciones probablemente serían mucho mucho peores. Posteriormente, los Centros para el Control y la Prevención de Enfermedades realizaron muchos estudios y descubrieron que, en la población general, en todos los grupos de ingresos, una persona de cada seis tenía cuatro o más puntos de la lista. Echa otro vistazo a la lista y te darás cuenta de que es un gran trauma.

Pero esto no fue todo. Llegó el punto en que los investigadores querían respuestas. Cuando cotejaron los registros de salud de los participantes, encontraron que las puntuaciones altas de la lista se correlacionaban con una salud terrible. Y, pronto agregarían, a menudo los traumas eran la causa de esa mala salud.

Aquellos con cuatro o más puntos tenían el doble de tasas de enfermedad cardiaca y cáncer, y cuatro veces el riesgo de enfermedad pulmonar. Una infancia traumática hacía que la gente se sintiera muy mal. En algunos casos, se debía a que ese tipo de infancia conducía a conductas de riesgo, como la mala alimentación, el tabaquismo y el alcohol, y eso a su vez afectaba la salud. Pero a veces esas terribles experiencias de la infancia provocaban cambios físicos reales en el cuerpo, el sistema inmunitario y el cerebro, lo que hacía que las personas se sintieran mal y sus vidas se acortaban, a menudo décadas.

Para el decenio de 2020, expertos en atención médica como la Dra. Nadine Burke Harris pedían que todos los adultos y niños se hicieran la prueba ACE, para que su salud y tratamiento pudieran planificarse en consecuencia. Burke Harris y otros investigadores encontraron indicios de que el factor de riesgo original, el abuso sexual infantil, era tan estresante que alteraba el metabolismo de los niños, por lo que los problemas de alimentación/aumento de peso/diabetes eran una secuela muy probable. A las ya complejas causas de la obesidad se agregó un nuevo factor: el estrés hace que el cuerpo almacene grasa de manera diferente.

El hecho más inquietante que surgió fue que, lo que se llama «cambio epigenético» (alteraciones en la forma en que se expresa nuestro ADN), podría transmitir ese daño a las generaciones futuras. Es probable que muchas de las llamadas «enfermedades misteriosas» (fatiga crónica, fibromialgia, algunas afecciones autoinmunes) puedan tener este tipo de causalidad epigenética. Burke Harris cree que, hasta que abordemos la seguridad de la infancia y las familias, no podremos resolver ni eliminar estas graves condiciones que afectan a millones de personas.

Para aligerar la penumbra de todo esto, hay una nota esperanzadora. Mi experiencia, y la de casi todos los terapeutas, es que algunas personas con puntuaciones ACE altas aún viven vidas felices y saludables. La escala no cubre los aspectos positivos en la vida de un niño, y los investigadores tienen claro que la ayuda a los niños en el momento del trauma o después puede mitigar estos daños. Para millones de niños, tener un abuelo cariñoso, un maestro comprensivo, un amigo fiel y empático puede ayudarlos a recuperarse. En una familia uno de los padres puede ser muy dañino, pero el otro puede contrarrestarlo. Incluso años más tarde, podemos proporcionar lo que ahora se denomina «tratamiento informado sobre el trauma» a más niños y jóvenes y ayudarlos a salir adelante. Sería mejor que nunca hubiera sucedido, pero el trauma no tiene por qué ser una cadena perpetua. Nuestros cuerpos y mentes fueron diseñados para sanar, y solo tenemos que saber cómo activar esos poderes.

¿Por qué hay tanto trauma?

Si volvemos al panorama general, las puntuaciones de ACE exigen que abordemos una pregunta muy importante: ¿qué diablos ha ido mal en nuestra sociedad? ¿Cómo llegamos a tener tantas familias dañadas y disfuncionales?

Para responder a eso, debemos recordar la pesadilla que fue el siglo xx, especialmente la primera mitad. Más de cien millones de muertos en dos guerras mundiales y otro centenar en genocidios. La Gran Depresión, los flujos de cientos de millones de refugiados y el cambio general de la comunidad rural a la vida urbana, con la desazón de la Revolución Industrial en el medio. Lo que vemos ahora en el este de Asia: niños trabajadores que duermen debajo de las mesas de sus fábricas por la noche, personas que mueren de enfermedades prevenibles en horribles barrios marginales, etc., también fue nuestra historia, hace solo un siglo.

Si miras en tu historia familiar, es poco probable que haya escapado de eso. Mientras escribía este capítulo, me reuní con un viejo amigo, un ministro de la iglesia, bondadoso y muy respetado en un apacible pueblo rural de Tasmania. Pero nació en Londres en 1935, y él y su madre fueron bombardeados en su casa tres veces antes de que cumpliera los ocho años. Su padre, un soldado, estuvo ausente durante cinco años y luego apenas estuvo emocionalmente disponible.

El cirujano que me operó cuando me enfermé hace un par de años era un refugiado vietnamita que hizo un viaje de pesadilla hacia la seguridad de un país en paz a los cinco años de edad. El dentista de nuestra familia huyó del levantamiento checo cuando era adolescente. Mi vecino, un padre cálido y afectuoso, casado con una australiana, pasó seis años de desesperación en un campo de concentración en el desierto cuando era joven, cortesía del gobierno australiano. Su salud quedó grave y permanentemente dañada. Es probable que conozcas a personas que sobrevivieron al conflicto de Irak, o de Irlanda del Norte, o de las Malvinas, o de Afganistán, o al mantenimiento de la paz en Kosovo o en Timor Oriental. Nadie, al parecer, tiene antecedentes familiares ni remotamente sencillos. Las personas traumatizadas (y eso significa casi todos nosotros hoy en día; consulta el siguiente cuadro) pueden no funcionar bien como padres o como personas de apoyo. Abrumados por el estrés, pueden volverse violentos, retraídos, abusivos, adictos a sustancias o suicidas. Si nada o nadie interviene, los daños vuelven una y otra vez. Por eso simplemente debemos intervenir.

Debido a lo generalizado que es ese daño, debemos ajustar nuestra configuración sobre cómo vemos a nuestros semejantes, y muy probablemente a nosotros mismos. Suponemos que la mayoría de las personas, la mayor parte del tiempo, han tenido vidas bastante razonables. (Y esa mala salud, cuando sucede, a menudo es solo mala suerte). Pensamos que el TEPT es el dominio solo de los veteranos de guerra, los trabajadores de emergencias y los supervivientes de accidentes. Lo que indican los estudios de ACE es que es parte del cuadro de salud mental de casi uno de cada dos niños y adultos.

¿LA VIDA NORMAL ES TRAUMÁTICA?

Un colega y amigo mío, David Jockelson, ha tenido una trayectoria profesional interesante. Es un abogado comunitario con una vida entera de experiencia en casos de protección infantil, pero también ha trabajado durante quince años como psicoterapeuta. Hace campaña en todo el Reino Unido a favor de una mejor atención de la salud mental para los profesionales del derecho, que en sí mismos son un grupo de riesgo.

David ha pensado y escrito mucho sobre el trauma y la vida normal. Una de sus ideas más intrigantes es que el trauma hace más que causar una ansiedad masiva, también puede actuar como un freno en nuestro desarrollo. El trauma puede congelarnos en la edad en que se produjo, al menos en algunas dimensiones de la maduración que requieren confianza, aprendizaje y calma fisiológica para proceder bien. Como consecuencia, hoy vemos muchos adultos que todavía están emocionalmente congelados en una etapa de desarrollo infantil, por ejemplo, o adolescente. Si esto está muy extendido, toda una sociedad puede sesgarse hacia ciertos tipos de inmadurez. David cree, y me inclino a estar de acuerdo, que hoy tenemos una cultura algo adolescente. Esto se manifiesta en una capacidad reducida para cuidar a los demás o en la falta de interés en hacerlo, y una profunda obsesión con la propia imagen, estatus o gratificación, además de falta de voluntad para establecer relaciones comprometidas, etc. Que esto esté conectado con el trauma es el nuevo ingrediente para comprenderlo. Pero ¿cuál es el trauma que podría ser el responsable?

Recientemente, él y muchos otros investigadores y pensadores se han estado haciendo la siguiente pregunta: ¿qué pasa si nuestras condiciones de vida normales hoy en día están tan lejos de aquello para lo que estamos diseñados, que simplemente dañan nuestros cerebros?

Cosas como…

- Aumentar el uso de las guarderías para niños cada vez más pequeños.
- Progresivo incremento de la presión en la escuela, con intensas pruebas y competencia incluso en los primeros años.
- Exposición a los medios implacables en nuestros espacios de vida en el hogar.
- Largas horas de trabajo para los padres y la imposibilidad de ausentarse del trabajo solo para cuidarse unos a otros.
- Entornos urbanos con poco acceso a la naturaleza.
- Vidas muy estresadas que conducen al colapso de relaciones y la ruptura familiar, que se convierten casi en la norma.

La Escala de Experiencias Adversas en la Infancia muestra un daño generalizado en personas normales, pero, y el sentido común lo respalda, sus diez ítems pueden no ser las únicas variedades de trauma que existen. Sumado a esto, algunos niños y adultos son mucho más sensibles a los estímulos y consideran que la vida moderna es un asalto a sus sentidos y a su capacidad para enfrentarse a ellos.

La educadora del Reino Unido, Kim J. Payne, escribió un libro titulado *Simplicity Parenting*, que inició todo un movimiento para reducir drásticamente los niveles de actividad, el ajetreo y el desorden en la vida de los niños y los padres. Kim cree que muchos trastornos que sufren los niños de hoy comienzan simplemente como peculiaridades o tendencias, pero se exacerban hasta convertirse en patologías completamente desarrolladas simplemente por la presión de la infancia moderna.

¿Podría la vida cotidiana en las ciudades y pueblos de hoy estar dañando nuestro sistema nervioso, que evolucionó para entornos mucho más lentos, suaves y enriquecedores? Tiene sentido que para lo que fuimos diseñados (la presencia de la naturaleza, los ritmos de la luz y la oscuridad, la compañía de los animales, estar cerca de las plantas y trabajar al aire libre, utilizar mucho más nuestros cuerpos, en soledad y con tiempo para soñar) pueda ser esencial para la salud física y mental, para el desarrollo adecuado del cerebro y para nuestra capacidad para construir una sensación de paz.

¿Qué les sucede a los niños que simplemente no tienen eso? Si la teoría de la «vida anormal» fuera cierta, esperaríamos ver signos que lo corroborasen. Como que haya una de cada cinco niñas y mujeres jóvenes que sufren ansiedad clínica; como el aumento de las tasas de suicidio entre los jóvenes; como que uno de cada cuatro empleados en el lugar de trabajo tenga problemas de salud mental. Vaya, todas esas cosas que en realidad ya tenemos.

Liberarte

Lo primero está claro: una herida debe ser atendida, como un ciervo en el bosque que descansa en algún lugar sombreado y se lame la herida para ayudar a que cicatrice. Si tú (o alguien a quien amas) tienes ítems en la escala ACE, tienes que reconocer que sí, que eso duele. Ese es el primer paso de la curación. Muy a menudo, la gente descarta esas cosas: «Sí, abusaron sexualmente de mí», o «Sí, mamá bebía hasta caerse», o «Sí, papá solía pegar a mamá», pero ahora todo está bien, eso ocurrió en el pasado. Eso puede ser cierto, pero si en la actualidad aún tienes dificultades, puede que mereciera la pena explorar la conexión. Si llevas a un niño herido dentro de ti, es posible que necesites algún cuidado.

Los métodos de «enfoque» de Eugene Gendlin que describimos antes en este libro son especialmente útiles, ya que, al escuchar las señales de tu cuerpo (tu supersentido), en cualquier momento de dificultad, te llevarán a tu límite de curación. Lágrimas que necesitan ser derramadas, estremecimientos de miedo que deben soltarse, ira furiosa que no pertenece al ahora, pero que ya ha sido «desencadenada» y debe encontrar una forma segura de salir… Tu cuerpo te habla todo el tiempo de estas cosas. Una querida amiga mía era golpeada a menudo por su padre cuando era niña. Ella prometió no golpear nunca a sus hijos, ni permitir que nadie más lo hiciera, y lo logró. Pero, en un día especialmente malo, cuando sus hijos estaban verdaderamente imposibles, como todos los niños pequeños, y ella también estaba estresada y enferma, de repente sintió un impulso, a través de su cuerpo, de soltarles una bofetada. Fue lo suficientemente consciente de sí misma como para darse cuenta, sentirlo y dejarlo ir. Sabía lo que era y de dónde venía. De vez en cuando ese impulso volvía, y cada vez que lo dejaba ir estaba más segura. El TEPT suele ser más grave cuando una persona (es decir, la mayoría de nosotros) no tiene acceso a los cuatro niveles de su mente. Estar fuera de contacto con nuestro cuerpo es el problema más común, por lo que nos quedamos atrapados en la tercera planta, con patrones de pensamiento repetitivos y obsesivos. O solo algunas emociones están disponibles en la segunda planta: miedo pero no ira, ira pero no tristeza. Y, por supuesto, experimentamos aislamiento por carecer de un lugar espiritual para sentirnos unidos a otras personas, a la naturaleza y a una sensación de seguridad y paz, independientemente de las circunstancias externas. Cuando toda nuestra mente está disponible, digerimos y procesamos el trauma de manera rutinaria, y aunque esto aún puede ser dramático e intenso, no se acumula.

Entonces, utiliza las cuatro plantas para superar los malos momentos: observa tu cuerpo y lo que te dice. Observa tus emociones y deja que tu cuerpo se conecte a tierra para que pueda calmarse, o bien pueda impulsarse y energizarse para realizar cambios. Piensa, escribe las cosas si es necesario o, si tienes dificultades para hacerlo, habla con alguien cariñoso y paciente para resolver tus pensamientos. Y ve siempre a la cuarta planta, al jardín de la azotea, para recordar que el universo te ama, que perteneces a él y que estás bien en él. Incluso sentarse en un parque o caminar al aire libre ayuda a tu cerebro a hacer esto.

> *La perfección en la crianza de los hijos es una meta realmente mala. Simplemente te pone tenso.*
> *Lo que tus hijos quieren y necesitan es una mamá o un papá que pueda reír y relajarse con ellos.*
> *A cargo, capaz, pero nunca ofensivo. Alguien como ellos que aprenda y crezca.*

Descifrar los mensajes

Cada persona es única, tanto en los mensajes y experiencias que recibió de niño, como en la forma en que respondió a ellos. La tarea de la terapia es reclutar tu supersentido para ayudar a acceder a esos mensajes y experiencias, y luego utilizar la neuroplasticidad para reconfigurar la forma en que responde si ya no te están ayudando. Los seres humanos fueron creados para el trauma, la vida prehistórica era dura, y tenemos el equipo para crecer a partir de eso. Pero a menos que nos criaran (y a pocos de nosotros nos sucedió) con ese equipo en pleno funcionamiento, nos quedamos atascados. El enfoque de la terapia siempre debe centrarse en restaurar el funcionamiento adecuado. El paciente luego se cura a sí mismo.

En 1980 me concedieron una beca Churchill para formarme con algunos de los profesores de psicoterapia mejor considerados del mundo en ese momento. Robert y Mary Goulding habían llegado a una metodología que, según se demostró en los estudios de resultados, producía el cambio más rápido, de la manera más eficiente (psicoterapia de grupo, en programas residenciales intensivos cortos). Lo consiguieron al combinar enfoques cognitivos (enseñanza clara) con reaprendizaje emocional a través de un enfoque llamado «terapia Gestalt», que involucra acción e interacción (no solo hablar). El enfoque de los Goulding comienza con ejemplos de las dificultades de la vida actual y, a partir de ahí, trabaja para descubrir los mensajes recibidos de los primeros años de vida que han permanecido por debajo del nivel de nuestra conciencia, lo que nos dificulta ser felices y estar completamente vivos. [5] Los Goulding capacitaron a miles de terapeutas en lo que se llamó «trabajo de redecisión»: cómo coactivar suavemente esos viejos recuerdos de la infancia junto con los recursos de nuestro ser maduro y comprensivo, para que el sufrimiento de la infancia pudiera desaparecer. Era una cirugía cerebral sin necesidad de abrir el cráneo.

---

5. Esta forma de terapia se basó en el análisis transaccional (AT). Un precursor de la terapia cognitiva conductual de hoy y, de hecho muy superior, la AT se basa en descubrir la colección de «cintas» de la programación de los padres, y cómo se desarrolló en nuestro pensamiento y en nuestra relación con los demás (de ahí la «transacción»). Pero los Goulding agregaron los métodos dinámicos basados en la acción de la terapia Gestalt, que se podría decir que fue la precursora de la terapia de atención plena, pero mucho más vigorosa e intensa, con la intención de forjar nuevas conexiones cerebrales en torno a patrones de autoimitación y disfunción arraigados.

Los Goulding creían que lo importante no era lo que se les decía explícitamente a los niños durante la infancia. De hecho, la mayoría de nuestros padres decían cosas que estaban bien: «Claro que te quiero», «Solo queremos lo mejor para ti». Era el mensaje no verbal: el niño que luchaba dentro de cada uno de nuestros padres, que nos gritaba en silencio a través de su lenguaje corporal y su comportamiento. Nuestro supersentido nos contó la verdadera historia, y automáticamente nos la tomamos a pecho.

Si tú, querido lector, eres padre de un niño o de un adolescente, es posible que te preocupe bastante esa idea de los daños transmitidos de los que no somos conscientes. Un poco de perspectiva es importante. En primer lugar, indudablemente recibiste más mensajes tóxicos, más poderosamente transmitidos, de lo que tus hijos podrían recibir de ti. Llegaste hasta aquí, estás leyendo este libro y has llegado a la edad adulta, la pareja y la paternidad. Tus hijos pueden hacerlo al menos así de bien. El renombrado pediatra y psicoanalista del Reino Unido D. W. Winnicott acuñó el término «crianza suficientemente buena» y nos instó a relajarnos, ya que eso era todo lo que los niños necesitaban: ser amados, alimentados y protegidos a medida que crecen y encuentran su camino en la vida. Para mis charlas, encontré otra manera de expresar esto con más humor: «el trabajo de los padres es mantenerte con vida hasta que llegue la ayuda». El perfeccionismo en la paternidad es una meta realmente mala; simplemente te pone demasiado tenso. Lo que tus hijos quieren es una mamá o un papá que pueda reír y relajarse con ellos, que sea humano y cometa errores, y eso está bien. Al mismo tiempo, una de las cosas que podemos hacer como padres es comprometernos con nuestra propia sanación. Así como puedes conducir con más cuidado, comer de manera más saludable o beber menos alcohol porque tienes hijos, también puedes decidir buscar asesoramiento u otra ayuda, o al menos ser honesto contigo mismo acerca de que tienes dificultades en alguna parte de tu vida que necesitan atención.

Cuidarte a ti mismo es fundamental para cuidar a tus hijos.

Los Goulding creían en ser simples y prácticos. Simplificaron los mensajes que los padres envían a los niños, por debajo del nivel de la conciencia, a solo nueve o diez «mandatos». Creían que, de niños, para sobrevivir en nuestras familias, nos «inscribíamos» en esos mensajes, porque en ese momento eso era lo más sabio que podíamos hacer. Pero esas decisiones pronto se vuelven automáticas y difíciles incluso de reconocer. A medida que nos hacemos adultos, operan por debajo del nivel de conciencia y nos impiden vivir vidas felices y plenas. Si esto te suena un poco desconcertante, los ejemplos que siguen harán que te resulte mucho más fácil de reconocer...

LOS MANDATOS

Cada mandato, o mensaje que los padres envían a los niños, comienza con un «No», seguido de una necesidad humana básica específica:

No pienses: esto es común cuando un padre tiene una adicción, o hay un gran secreto familiar que no debe cuestionarse. O puede ser modelado por padres que rara vez son sensatos, y son caóticos en lugar de resolver las cosas paso a paso. O simplemente puede ser «No pienses por ti mismo, te diremos qué pensar», que ocurre a menudo en familias fundamentalistas religiosas. Con este mandato, es posible que te quedes en blanco bajo el estrés, o que te ocupes de maneras que no ayuden ni aborden el problema en cuestión. Debes demostrar una determinación real para volver a aprender: sentarte y escribir los problemas, enumerar las posibles soluciones, etc. O pedir la ayuda de un *counselor* específicamente para aprender a ser lógico.

No te acerques: esto suele ocurrir una generación después del abuso sexual. Por ejemplo, si una madre sufrió abusos en su infancia, podría haber llegado a la conclusión en su mente joven de que todo contacto físico es peligroso. Entonces es incapaz de sostener o abrazar cálidamente a sus hijos. Nuevamente, la manera de superar esto es utilizar gradualmente las cuatro plantas de tu mansión para relajarte y dejar que el pánico se apague cuando abrazas o te abrazan. Hazlo gradualmente, a pequeños pasos. (A menudo se necesita el apoyo de un terapeuta, ya que el abuso tiene muchas consecuencias y se requiere de una gran confianza para superarlas).

No sientas: esto puede ser específico para una de las cuatro emociones principales, o puede ser general. Muy pocas personas crecen con el conjunto completo de emociones permitidas cómodamente, y eso puede continuar durante muchas generaciones. Sabrás que está presente si te vuelves insensible o «hiperrazonable» cuando los demás están molestos. O cuando una emoción en particular parece faltar en tu repertorio, nunca te enojas o nunca te entristeces. Utilizar tu supersentido para notar las emociones y gradualmente «darles espacio» en tu cuerpo se asegurará que el mundo no se acaba si las explicas en voz alta o derramas alguna lágrima. De hecho, la sensación es bastante buena.

No seas importante: pasar tiempo a solas con mamá o papá, ganarte elogios por tu creatividad o por logros obtenidos con mucho esfuerzo, montar una pataleta en tu cumpleaños... todo eso dice: «Eres especial». Pero un niño aprende así a valorarse a sí mismo y siente que tiene un lugar en el universo. Para algunas personas, a menudo en familias más grandes, que cualquier niño sea estimado es visto como una especie de afrenta para todos los demás, por lo que el mensaje de supervivencia se convirtió en que lo que más se valoraba era borrarse a sí mismo. Sabes que has pasado por eso cuando te resulta increíblemente difícil aceptar elogios o ser el centro de atención. (Cuando mi anciana madre cumplió setenta años, hicimos una pancarta enorme que pusimos en el porche, donde nos reunimos, para que todo el mundo la viera. Decía: «No quiero ningún alboroto». ¡Ella pensó que era maravilloso!

No pertenezcas a un grupo: se te dice que «Nuestra familia es diferente». O que eres diferente, y de este modo nunca podrás sentir esa hermosa sensación de ser uno más del grupo. Debes mantenerte apartado, por muy solitario y paralizante que pueda resultarte. A mí me educaron así, aunque estar en el espectro del autismo probablemente no ayudó mucho. Simplemente te sientes como un extraño, muy solo, y en cambio es verdaderamente importante encontrar tu «tribu» y aprender a unirte a ella.

No crezcas: a menudo, un niño puede desempeñar un papel en la vida de un padre que lo mantiene vinculado, o elimina la necesidad de que ese padre se aventure al mundo. Por ejemplo, una madre solitaria o incluso narcisista puede querer que su hija sea siempre su amiga, su consuelo emocional. O pueden tener una pareja que no responde y busca la compañía en un hijo. O, inconscientemente, podría planear que esa hija sea su persona de apoyo en la vejez. Otros en la familia están excusados de este papel, pero el favorito es recompensado y priorizado, ya que se le pedirá que reembolse la totalidad cuando llegue el momento.

(Uno de mis pacientes recuerda que se enamoró de una chica e iba a visitarla a su casa a menudo. Su madre se sentaba con ellos todo el tiempo que él estaba allí y mostraba su desacuerdo con sus puntos de vista sobre casi todo de lo que hablaban. Incluso cuando era un adolescente bobo, me contó, no podía pasar por alto la vigilancia flagrante. La hija permaneció soltera y dedicada a su madre durante el resto de su vida).

No seas niño: el niño demasiado responsable, que es como un pequeño adulto, es otro papel familiar muy común. Quizá debido al alcoholismo o la adicción, o a problemas de salud mental en uno de los padres, no hubo tiempo para ser pequeño y jugar y divertirse, por lo que fue necesario crecer rápido. El niño se hizo cargo de los adultos. Era algo para lo que un niño mayor, o una niña, a menudo era reclutado, consciente o inconscientemente. Una vez cumplido este papel, a veces el resto de hijos quedaban libres, pero si la disfunción de los padres era grave, toda una tribu de niños podía unirse para cuidar de mamá o papá. Sabes que tienes este mandato si no puedes hacer tonterías ni payasadas. Pasas los días libres limpiando y no haces cosas divertidas. En nuestros grupos de terapia, establecíamos que una de las tareas fuera recrearse en la pereza, permitíamos que otras personas fueran amables con uno, jugábamos al *frisbee* durante los descansos. Tener un perro también puede ayudar.

No tengas éxito: el éxito es realmente un sentimiento, más que un punto de referencia real, y muchas personas en la infancia experimentan que «nunca son lo suficientemente buenos». Esa simple estupidez de preguntarle a un niño que saca un 8 en un examen qué salió mal para que no sacara un 10. Para superar esto, es importante darse cuenta de que es una elección. Ya tienes éxito, pero solo necesitas darte cuenta y aprender a disfrutarlo. Las personas que te quieren pueden ayudarte señalándotelo. Parece útil imaginar al padre o a los padres que dieron ese mensaje y decirles que te dejen en paz.

No seas tú: esto a menudo se relaciona con tu género. Una familia quería un hijo (al menos inconscientemente) y solo tuvo hijas, o viceversa. También puede relacionarse con niños que comienzan a mostrar signos de ser LGTBIQ+. La familia simplemente quiere algo más. Pero también puede relacionarse simplemente con ser artístico o atlético cuando querían a un intelectual. O a cualquier otra obsesión inconsciente que se proyecta en un hijo. El efecto neto es una sensación de que no puedes simplemente ser tú mismo, algo terrible de sentir. De nuevo, dile a tus padres con calma y resolución, en la vida real o en tu imaginación, «¡Yo soy yo! ¡Y voy a seguir siendo yo! No es mi problema que quisieras otra cosa». Luego encuentra personas afectuosas a las que les guste cómo eres, padres sustitutos que afirmen tu verdadero yo.

No estés bien: en todos los mandatos, el mensaje se refuerza con lo que, en nuestra primera infancia, nos llamó la atención. A menos que los niños reciban «caricias» cuando son cuidados, elogiados y abrazados, no prosperarán. La conexión y la afirmación son tan importantes que los niños harán cualquier cosa para llamar la atención, incluso si es una atención negativa. A veces una familia no sabe cómo cuidar o mostrar afecto o atención, excepto cuando el niño está enfermo. Esto redefine la relación casi como «médica», y ser atendido, incluso mínimamente, puede ser la única atención que reciba el niño. No toda mala salud es una elección, pero el exceso de trabajo, la asunción de riesgos u otras acciones pueden generarla, y eso puede convertirse en un «guion» de por vida.

Recuerda siempre que los mandatos no son mensajes verbales ni intencionados, sino que se transmiten a través de los sentimientos y las luchas más profundas de los padres, en su mayor parte de manera no verbal. Aquí es donde radica su poder, y por qué se necesita un poco de cuidado para descubrirlos. Normalmente, nadie tiene la intención de imponer estas restricciones a los niños que ama.

La ayuda que brinda la comprensión de los mandatos es que puede conectar el trauma de tu infancia con la forma específica en que te está afectando ahora. Por ejemplo...

«Papá solía ponerse violento cuando estaba borracho, y la forma en que me adapté fue congelarme y dejar mi mente en blanco (no pienses). Eso fue inteligente por mi parte entonces, pero ahora no ayuda cuando mis hijos hacen travesuras».

«Mamá murió cuando yo tenía nueve años y papá se desmoronó. Yo tuve que cuidar a mis hermanos y hermanas menores, y a él también (no seas un niño). Fui un niño valiente, pero ahora necesito aprender a relajarme».

Descubrir qué mandatos asumiste significa que de repente tu vida puede tener sentido, pero más que eso, entonces sabes a qué atender, qué «heridas lamerte», para que puedan sanar. La comprensión es el comienzo, pero explorar tu conciencia de esto en el presente es lo que hace que todo se una. Un buen terapeuta puede ayudar a que todo vaya mucho más rápido, pero, simplemente utilizando tu mansión de cuatro plantas puedes traerte cada vez más al presente para ser libre. Notas las veces que te sientes como un niño pequeño, y te quedas con las sensaciones del cuerpo, escuchas atentamente a tu supersentido... así dejas que se disuelvan progresivamente. En la fase de curación, tendrás la sensación de que el pasado todavía está en ti además de saber que es el pasado y no es el caso hoy. Pronto, cada vez será menos un problema, te sentirás más fuerte y en paz.

Averiguar tus mandatos

Si deseas crecer sin la ayuda de un terapeuta, el primer paso es analizar cualquier dificultad actual que tengas y qué mandato podría estar en juego. Sabes que te enfrentas a un mandato de «inconsciente» cuando tienes el mismo tipo de problema repetidamente: elegir el mismo tipo de pareja tóxica, perder el trabajo de la misma manera, tener el mismo tipo de «accidente» o, con suerte, sucesos menos dramáticos: nunca pertenecer a un grupo, nunca sentirte valioso. En realidad, lo sabes cada vez que algo comienza a parecerse terriblemente a un patrón, un tema que se repite.

Por lo tanto, ayuda preguntarse: ¿qué condiciones en mi infancia hicieron de este un comportamiento adaptativo en ese momento? (Incluso la baja autoestima es una manera de lidiar con una familia que no te apoya). La curación comienza con apreciar primero tu inteligencia, a esa edad, por encontrar una estrategia de supervivencia, y luego decidir que es hora de una forma de vida diferente, porque ya no eres un niño y ya no dependes del tipo de familia (más o menos) disfuncional en la que creciste (en la que crecimos casi todos los niños del siglo xx).

Las decisiones de la niñez, ahora fuera de la conciencia, tienen un patrón característico: las sentimos como un muro que nos envuelve y nos impide vivir la vida plena que otros parecen tener. No podemos ver la pared, pero seguimos rebotando contra ella.

La mayoría de las personas encuentran que, al leer la lista, uno o dos de los mandatos «se iluminan como un neón», y ver eso es el primer paso para desconectar esa programación. La mayoría cargamos con al menos dos o tres mandatos y, por lo general, el que notas es el que ya ha comenzado a resolverse. Una vez hecho esto, otros enterrados más profundamente pueden comenzar a emerger. Pero, a cada paso, tu vida será más libre y más alegre.

Ha habido muchos momentos difíciles en la historia: las guerras, los genocidios, las hambrunas y las pandemias no son nuevas. Pero el siglo xx los tuvo todos, y a escala planetaria, con poco tiempo para recuperarse antes de que cayera el siguiente golpe. Todavía puedo oír los ecos de la guerra que vivió mi abuelo en las trincheras, de las luchas de mi padre y de las ansiedades de mi madre, y así en las mías. No fue culpa de nadie. Tus padres y los míos probablemente lo hicieron lo mejor que podían.

Mientras estés vivo, tu mente continuará en un camino de sanación, a través de sueños, pensamientos y recuerdos que emergen cuando están listos para ser resueltos. Utilizando tu supersentido para dejar que se muevan a través de ti (sin adormecerlos ni bloquearlos, sino reduciendo la velocidad para prestarles toda tu atención) mientras te mantienes firmemente conectado a tierra en el presente, no puedes dejar de volverte más completo y estar más en paz.

Llegamos a un mundo de familias y padres heridos, y algo de eso nos invadió a medida que crecíamos. Nos adaptamos a ello en ese momento, de la mejor manera que supimos para asegurar la supervivencia. Pero identificar y liberar esas autolimitaciones evita que se conviertan en un daño duradero, y significa que nunca debemos imponerlas a nuestros propios hijos, parejas o amigos. Eso, por sí solo, es una muy buena razón para recuperarse.

Mucho amor para ti mientras haces este viaje a casa. Es un viaje en el que todos estamos.

6

LA TERCERA PLANTA
Utilizar tu cerebro para «pensar con claridad»

La tercera planta de nuestra mansión, técnicamente hablando, es nuestra «corteza prefrontal», el lugar donde pensamos. Es donde estás ahora mismo, leyendo este libro. Puede parecerte un lugar familiar, pero en esta planta hay más de lo que se ve a simple vista: peligros a los que hay que estar atento, y también habitaciones completamente nuevas en las que no has entrado, con excelentes vistas desde las ventanas y hermosos muebles.

Nuestros cerebros pensantes son asombrosos; con ellos creamos hospitales, inventamos naves espaciales y pequeños dispositivos con los que podemos hablar con amigos al otro lado del planeta. Con todo este poder, uno pensaría que habríamos construido un mundo feliz, equilibrado y, sobre todo, duradero. Entonces, debes preguntarte: ¿por qué estamos en semejante lío? Después de todo, tal vez no hayamos utilizado nuestros cerebros tan bien. En este capítulo, te ayudaremos a unir tu cabeza con el resto de ti, para que realmente funcione como fue diseñada. Empecemos con una historia...

El aclamado alpinista y escritor escocés Andrew Greig había sufrido de depresión y luchado contra la inseguridad durante su adolescencia y los primeros años de la edad adulta. Pero descubrió algo que le salvó la vida: que los lugares salvajes y el esfuerzo físico en la naturaleza parecían ayudarle a encontrar la paz. Como la mayoría de los jóvenes, también estaba explorando la intimidad y las relaciones, y encontraba difícil navegar por ellas.

Mi examante había estado lejos, en una larga aventura, pero no encontró lo que buscaba y volvió soltera otra vez. Hablamos durante un tiempo y luego nos sentamos uno al lado del otro entre la hierba alta sobre el embalse. Cuando terminó la historia de ese hombre, de aquellos lugares, me miró.

—Así que es un círculo completo —dijo.

Yo sabía lo que se estaba ofreciendo. Respiré el aire enrarecido de las colinas y los páramos, sentí la tierra sólida debajo y el cielo abierto arriba.

—Te amo —le dije. Una parte de mí esperó, paralizada—. Pero no te deseo.

Y al decirlo, fue verdad. Ella miró hacia las colinas y el agua agitada, el viento sacudía su cabello descolorido por el sol. Me miró y luego asintió.

—Sí —dijo—. ¿Crees que le pasa algo malo a mi corazón?

Fuimos de regreso a la ciudad, seguimos nuestros caminos y nunca más nos encontramos en ese terreno. Si hubiera sucedido dentro, nuestros cuerpos, nuestra soledad, nuestras pérdidas podrían habernos confundido, pero afuera, entre las colinas y el agua, dijimos e hicimos lo correcto.

En el lago de Green Corrie (Quercus, 2010)

Escucha de nuevo esa frase fundamental… «Y al decirlo, fue verdad». Muy a menudo, así es como encontramos nuestra verdad. Buscamos poner en palabras lo que ha estado en nuestros corazones, y solo cuando las decimos en voz alta sabemos que suenan verdaderas. Y observa que ella dice: «Sí». Ella también lo sabe.

Era una mujer a la que él había dado su corazón, y ella lo había dejado, por aventuras más grandes y por otro hombre. Y ahora aquí está. Instintivamente, él sabe qué hacer. Se enraíza en el paisaje. Escucha lo que le dice su propio interior. Entonces, la precisión del lenguaje se maneja con cuidado. «Te amo», dicho con compasión. «Pero no te deseo».

Este es uno de los ejemplos más claros y bellamente escritos que he leído sobre el uso de todos los niveles (cuerpo, corazón y cerebro) y el uso de nuestro supersentido, las señales internas de nuestro cuerpo, para encontrar la integridad y evitar el desastre.

A menudo no sabemos qué hacer en la vida. Podemos confiar por defecto en reglas o códigos de conducta, y esto es mucho mejor que si no nos importa en absoluto. A veces las reglas son correctas: no te acuestes con la esposa o el esposo de otra persona. No bebas y conduzcas. No hagas daño innecesario. Pero, en algunos casos, lo verdaderamente moral es más complejo. La verdad está en nuestro interior más profundo, y tiene sutilezas que ningún libro de reglas podría gestionar. Siente «la tierra sólida debajo y el cielo abierto arriba», como escribe tan claramente Greig. Espera, y vendrá. Vendrá en palabras. Y las palabras «tendrán sentido».

La planta donde viven las palabras

La tercera planta de nuestra mansión es la última «adición» en términos evolutivos, por lo que está ubicada en la parte frontal de nuestro cerebro, como una nueva extensión de una casa. Los animales pueden pensar, pero solo en olores, imágenes, memoria muscular y similares. Hay pájaros que usan herramientas, e incluso fabrican herramientas (afilan astillas de madera para sacar las larvas de sus agujeros), lo que demuestra planificación y algunos niveles interesantes de inteligencia. Pero la adición de palabras lleva a un nivel completamente nuevo. Las palabras pueden viajar y pueden durar. Las palabras pueden construir un puente de entendimiento entre personas. También permiten una sutileza extraordinaria. Los japoneses tienen una palabra para la sensación que tienes cuando descubres una cascada en un bosque: *yugen*. El alemán tiene una palabra para disfrutar de la desgracia de la gente pomposa: *schadenfreude*. Importamos palabras para cosas que antes no teníamos ni necesitábamos. ¡Como *joie de vivre*[6] o *hassle*![7]

El primer uso del lenguaje fue práctico. ¡Viene el mamut! ¡Defiende tu posición! ¡Corre! Pronto nuestra especie se enamoró de las palabras y los individuos hablaban sin parar mientras caminaban a lo largo de las orillas de los ríos durante todo el día, o se sentaban alrededor de fogatas por la noche. El mundo antiguo tenía miles de idiomas únicos, uno diferente en cada valle. Y dado que la mayoría de los pueblos interactuaban con grupos lingüísticos vecinos, era normal que los humanos hablaran dos o tres lenguas distintas. Nuestros cerebros se hicieron más grandes para gestionar la necesidad y la alegría de las palabras.

Hacemos dos cosas con las palabras, ambas muy importantes. Primero, las usamos para dar sentido a nuestra propia vida. Para hacer nuestras acciones racionales, lógicas. Y segundo, comunicamos nuestros mundos internos e ideas entre nosotros, para que podamos coordinarnos y pasar un rato feliz.

Nuestro pensamiento no es, como se nos ha hecho creer, algo aislado, seco o apartado del resto de nosotros. Después de todo, el término «tener sentido» no surgió por casualidad; parece decir que nuestros sentidos son la prueba: algo solo está bien cuando lo confirma la experiencia directa. Todos conocemos a personas que se escapan, sin conexión a tierra, a los lugares más arcanos y áridos, que pueden «aburrir a un país entero». Las ciencias sociales, que deberían nutrir y ayudar al mundo en que vivimos, parecen especialmente propensas a ello. El pensamiento es más brillante cuando aprovecha sus raíces en el cuerpo y el corazón. Este libro proviene de mi tercera planta y llega hasta la tuya. Pero si se trata de que tenga sentido, olerá bien y sonará verdadero, y también iluminará cada planta de tu mansión.

---

6. Alegría de vivir. *(N. del T.)*

7. Engorro, molestia. *(N. del T.)*

Pensar con claridad

Sin el lenguaje, y la claridad y precisión que aporta, es casi imposible funcionar como ser humano. La claridad y la franqueza son esenciales para cualquier relación. Después del amor, la capacidad de pensar y hablar sinceramente es la habilidad más preciada que los padres pueden dar a sus hijos. Es lo que los *counselors* y terapeutas ayudan a hacer a sus clientes y los trabajadores sociales a los delincuentes violentos. No se trata de un lenguaje sofisticado: algunas de las personas más claras que conozco apenas terminaron la escuela primaria. Se trata de distinguir las mentiras de la verdad. El líder del movimiento de los *hombres mito-poéticos*, Robert Bly, recomienda escribir un párrafo en un diario, o un poema, todos los días de tu vida. Sus razones son muchas, pero la mejor es la forma en que te hace más sincero contigo mismo: «es más fácil detectar una mentira cuando está escrita».

Muchas personas apenas piensan. Nada se interpone entre el impulso y la acción más allá de algunos clichés autojustificativos. No se les han dado las herramientas para hacerlo y, como resultado, sus vidas son desastrosas. Cuando la superintendente de prisiones de Nueva Zelanda, Celia Lashlie, habló con los hombres bajo su «cuidado», descubrió que a menudo tenían terribles dificultades para pensar las cosas en cualquier momento, pero especialmente cuando estaban bajo presión. Estaban en prisión, a veces durante mucho tiempo, porque habían hecho una mala elección que les ocupó unos tres minutos; fueron incapaces de pensar «¿Esto es una buena idea?», «¿Cuál será la consecuencia?». Sin esa habilidad, en un mundo estresante y complicado, estás bastante vendido. Cuando leemos cuentos a los niños y les hablamos a lo largo del día, cuando extraemos de nuestros adolescentes cuál es su pensamiento y los escuchamos intensamente, estamos alimentando este poder.

Cómo aprendemos a pensar

De pequeños todos somos sensación y sentimiento. Vivimos nuestros días en un sueño atemporal de abrazos y sueño, comida y juego. Un minuto de risa, luego lágrimas, ahora luces brillantes, luego oscuridad relajante. Es todo y ahora. Vivimos en las dos primeras plantas de nuestras mansiones y estamos contentos. Pero un bebé o un niño pequeño también tiene momentos de intensa frustración: «¡Si pudiera hacer que lo entendieran!». Por suerte, la ayuda está en camino.

Digamos que tienes dos años. Ves un oso de peluche de colores brillantes en un escaparate y lo quieres. Mamá te dice que no, así que lloras de dolor y angustia. Esto no es un intento (como afirmaban algunos expertos en crianza del siglo xx) de manipular o controlar; es angustia real. Con uno o dos años de edad no puedes hacer frente al hecho de que, cuando tienes esos grandes impulsos y deseos, el mundo es bastante indiferente a ellos.

Si tienes suerte, tu madre lo entenderá. Te abrazará y te susurrará suavemente al oído: «Sí, lo entiendo, estás triste porque no puedes tener ese osito de peluche. Vale, está bien estar triste». Tú te enfadas. «¡Lo quiero!». Pero ella no se inmuta. «Es molesto no conseguir lo que quieres», dice ella. «Sentémonos en este banco». Y ella te abraza, y miras a tu alrededor mientras decides si continuar o detenerte. Durante un tiempo, el sentimiento es ineludible; hay que dejar que siguiera su curso. Ahora ya no estás tan seguro. Había un dolor profundo, pero se te está pasando. Las manos de mamá son cálidas, sus ojos miran comprensivamente a los tuyos.

Estás aprendiendo a salir de la emoción, a capear esas tormentas internas y, al mismo tiempo, como parte de eso, a pensar. Estos impulsos e intensidades tienen nombres: deseo, herida, felicidad, perro, gato. Abuela... «¿Quieres un poco más de sopa?». Descubres que las palabras son asideros en el mundo. Y que, aunque no seamos el centro del universo, podemos seguir siendo felices en el mundo.

Se trata de llevarse bien. Se trata de interdependencia. Las palabras, junto con lenguajes más antiguos como el tacto y la mirada, son un excelente medio para la colaboración de la raza humana.

Una amiga mía estaba cuidando a su nieta de tres años durante la noche. La niña entró en su dormitorio por la mañana temprano. Le dijo: «Mi cuerpo quiere meterse en tu cama». La velocidad a la que se desarrolla el lenguaje, y por lo tanto el pensamiento, en los niños es asombrosa y deleita a todos los que están a su alrededor. Tienen la frescura de la percepción, pero ahora pueden contarnos al respecto y así darnos una idea de su mundo, nuevo e intenso. Este verano, le estaba enseñando a una niña de cuatro años a utilizar una tabla de *boogie* en las aguas poco profundas de la playa, y ella fue completamente capaz de utilizar palabras para hacer que esta colaboración funcionara para ambos. Me dijo: «Las olas grandes dan mucho miedo», y la dejé simplemente sentarse en la tabla en uno o dos palmos de agua. En menos de un minuto, me pidió: «Un poco más adentro». Yo le dije: «Siéntate en el medio de la tabla para mantener el equilibrio», y ella supo qué significaba eso, e inmediatamente lo puso en práctica. La lancé hacia la orilla sobre una ola prometedora, ella la montó y, para nuestra sorpresa, la ola que retrocedía la atrajo hacia mí para que pudiéramos hacerlo todo de nuevo. Ella se rio a carcajadas y dijo: «¡Esa ola me ha traído de vuelta hacia ti!». Un niño pequeño que tiene la suerte de tener padres que no están demasiado ocupados les hablará y ellos le responderán; es muy gratificante porque, por encima de todo, a los seres humanos les encanta conectarse. En poco tiempo empezarán los cuentos inventados por el padre con voces graciosas, o habrá personas que le leerán libros a la hora de dormir, y después de un año o dos podrá leer por sí mismo y listo. Estará en la tercera planta de su mansión, bien y plenamente. Con palabras, puedes manejar la vida. Las palabras te unen a la raza humana, ya sea hablando con amigos cariñosos o simplemente leyendo novelas o libros de sabiduría. Alguien, en algún lugar, ha pasado por lo que tú estás pasando. Todos los que se preocuparon lo suficiente como para escribir algo a lo largo de los siglos ahora son parte de tu cuidado y desarrollo. Es realmente bastante impresionante de contemplar. Esto es lo que el lenguaje y el pensamiento pueden hacer.

TRES MANERAS DE SER

La mejor psicología no siempre es la más nueva. Las personas sabias y observadoras han pensado en la vida humana durante mucho tiempo. La siguiente idea de «tres maneras de ser» tiene unos tres mil años; es una de las herramientas de autoayuda más poderosas que he encontrado y la utilizo todo el tiempo. Es especialmente buena si eres una persona propensa al nerviosismo.

Las antiguas escrituras védicas describen tres estados mentales, que reconocerás enseguida.

Los nombres, derivados del sánscrito, son *Tamasic, Rajasic* y *Sattvic*. Una adaptación y traducción aproximada sería:

Tamásico es igual a caótico.
Rajásico significa impulsado.
Sátvico indica armonizado.

Sin embargo, te animo a que utilices los términos indios, para que se alojen en tu mente como una nueva forma de autoconciencia. Así, puedes decir: «Oh, vaya, estoy totalmente *tamásico* esta mañana». Al darte cuenta de en qué estado te encuentras, automáticamente tienes más opciones. Pero, ¿qué elección es la mejor? Vamos a explorar.

Qué significa *tamásico*

Todo el mundo conoce a alguien, amigo o familiar, que es caótico. Si tienes adolescentes en tu casa, ¡puede haber uno o dos! Su habitación (o toda la casa) es un desastre, su vida está desorganizada. Tiende al pánico y a la confusión, que alterna con la apatía y el letargo. Piensa en un expresidente de EE.UU. en Twitter y te harás una idea. Todos somos así a veces: comemos directamente del refrigerador sin pensar, cambiamos sin rumbo los canales de la televisión, nos quedamos dormidos en el sofá, nos despertamos en medio de la noche. Puede ser tu estado habitual, o algo que te sobreviene de repente, tal vez en un momento de dolor o profunda preocupación. Cuando sucede, te sientes como un pantano en el que estás atrapado. Algunos de los lectores de este libro seguro que fueron criados por un padre así. Tal vez el alcohol o las drogas jugaron un papel, pero, sea cual sea la causa, y tanto ser así como estar cerca es un infierno, de verdad.

Podemos criticar a una persona que es *tamásica*, pero mi experiencia es que a menudo surge de una fuente sorprendente: sucede más cuando en realidad esa persona está muy ansiosa. Solo porque una persona parezca apática o desmotivada, no asumas que es pereza. (La pereza rara vez es un estado natural en los humanos, somos criaturas naturalmente creativas y activas, por lo que a menudo es un signo de algún tipo de profundo desánimo o ansiedad que inmoviliza la acción). A veces puede ser una reacción defensiva o protectora hacia el mundo, con el que cuesta mucho enfrentarse. Procrastinar es *tamásico*; temerosos del fracaso, nos dedicamos a hacer todo menos lo que necesitamos hacer. Tus acciones se basan en lo que sabes, en el fondo, en lo que necesitas concentrarte. Internet, no hace falta decirlo, es un lugar muy *tamásico* y puede dispersar tu cerebro como ninguna otra cosa en la Tierra. Por lo tanto, la forma de salir de un estado *tamásico* es casi siempre calmarse, dejar de hacer cualquier cosa y llegar al fondo de lo que te pone ansioso.

Cuando me doy cuenta de que estoy adquiriendo un comportamiento en gran medida *tamásico*, me siento y escribo sobre el hecho de estar atascado o sin saber qué hacer. Aislados dentro de nuestras mentes, los pensamientos pueden dar vueltas y todo puede parecernos demasiado difícil, por lo que incluso escribir una lista en una hoja ayuda a resolverlo. Marco lo que es más importante, y lo hago.

Pero, también, trata de averiguar qué es lo que te pone ansioso. Llega a la raíz, en lugar de acosarte porque te sientes inútil. No eres inútil. Pregúntale a tu supersentido qué está pasando.

Si estoy francamente ansioso, si puedo sentir esa sensación de aleteo en el centro del pecho, salgo a caminar o hago algo de jardinería. Lo más importante es lo que no haces. No hagas cosas que te adormezcan (beber, comer, ver la televisión en exceso o apostar) en esos momentos, ya que una vez que termines solo te llevarán de vuelta a donde empezaste.

Puede que tengas que «sentir el miedo» y hacerlo de todos modos. Tal vez tengas un problema de salud preocupante, o inquietudes con las finanzas, o un problema laboral, pero has hecho todo lo posible y solo necesitas seguir adelante. A veces, te sientes abrumado por todo lo que tienes que hacer. Cuando no puedo hacer frente a la limpieza, empiezo literalmente en una esquina de mi habitación o de nuestra casa y limpio de una punta a la otra. Haz algo y te hará sentir mejor de nuevo.

> *La actividad sátvica a menudo parece que es «bastante inactiva». No se inicia una guerra. Un marido y una mujer se alejan de una pelea dolorosa. Se lleva a cabo una discusión familiar en silencio, con algunas risas, y se toma una nueva dirección sorprendente.*

El estado mental rajásico

Rajásico es lo opuesto a *tamásico*: es un estado de concentración alta, casi obsesiva. Todos hemos conocido a alguien así, casi hiperactivo en pro de su objetivo. Estas personas trabajan obsesivamente hasta altas horas de la noche, para enriquecerse o hacerse famosos, seducir mujeres o construir una casa grande o una carrera poderosa. No les falta organización ni propósito. Son decididos, energéticos e intensos. Podrían hacer eso mismo durante diez o veinte años. El objetivo puede ser bueno o malo, pero el método es el mismo. Una persona *rajásica* está impulsada a lograr sus objetivos.

En el pensamiento occidental, a menudo admiramos esta manera de vivir y enaltecemos al gran atleta, empresario o celebridad. Nuestra cultura admira al ambicioso. Pero a menudo, en la práctica y de cerca, nuestro supersentido se siente incómodo con alguien así. Es como si su vida se hubiera desequilibrado profundamente y estuviera descuidando otros aspectos importantes. A menudo pisotean a los demás, y sus relaciones son malas y no duran. Si seguimos su biografía, tarde o temprano su vida se viene abajo.

A menudo hemos absorbido una idea de vida de dos opciones, y esto siempre es algo con lo que hay que tener cuidado. Ante un dilema, es interesante ver si existe una tercera vía. Perezoso o trabajador parece que cubre todas las opciones, pero espera, ¡hay más!

Cambiar a sátvico

En el sistema védico, el estado mental y la forma de vivir la vida más elevados se denominan *sátvico*. (Es la misma raíz de la palabra que en *bodhisattva*, así que, ¡bastante bien!En un estado *sátvico*, todavía estás enfocado y productivo, pero tus acciones ya no son «impulsadas»: son armonizadas, equilibradas y pacíficas. También «ayudas» con las necesidades y los objetivos de otras personas, de modo que no eres como un «elefante en una cacharrería» (como solía decir mi anciana madre). En un estado *sátvico* hay un sentimiento paradójico de satisfacción con el proceso, como si en algún nivel ya hubieras llegado a la meta por la que estás trabajando. Martin Luther King y Gandhi conocían ese secreto, y creo que Angela Merkel y Jacinda Ardern también. Puedes tener un gran trabajo por hacer, pero estás en paz, en el fondo, mientras lo haces. Como dijo una vez el maestro espiritual Ram Dass sobre su trabajo sobre la muerte y el morir: es muy pesado, es muy ligero. Este tipo de actitud significa que eres mucho más efectivo y no creas una reacción negativa. Estás abierto a nuevas ideas y siempre te adaptas al camino correcto. No chocas contra las cosas. Mucha gente pasa del estado *rajásico* al *sátvico* a medida que se vuelve más sabia acerca de la vida. En la novela clásica *Siddhartha*, de Hermann Hesse, el joven trabaja incansablemente para ganar una fortuna e impresionar a una hermosa cortesana. Y lo logra, pero se siente vacío. Lo deja todo atrás para encontrar un camino mejor. Varios multimillonarios amigos míos han hecho este cambio: un singular enfoque temprano en la riqueza se convierte en «¿Cómo puedo ayudar al mundo?». Su alegría de vivir se disparó, haciendo que sus compañeros menos generosos parecieran los tristes perdedores que son.

Un ejemplo en las artes marciales es el aikido, que tiene como objetivo nunca lastimar a otra persona, sino simplemente redirigir su agresión para terminar de una manera inofensiva e incluso amistosa. Un famoso maestro de aikido se encontró una vez con un hombre enloquecido que aterrorizaba a los pasajeros de un tren. Sin embargo, no usó su aikido. Con amabilidad, le pidió que se sentara con él, y en un minuto, el hombre acabó sollozando: su madre había muerto esa misma mañana. El maestro de aikido simplemente le pasó un brazo por los hombros y, en silencio, los demás pasajeros también regresaron a sus asientos.

La actividad *sátvica* a menudo parece que es «bastante inactiva». Pero lo que ocurre puede cambiar el mundo. Es ese pequeño punto de pivote, como una aguja de acupuntura, que redirige enormes energías. No se inicia una guerra. Un marido y una mujer se alejan de una pelea dolorosa. Se lleva a cabo una discusión familiar en silencio, con algunas risas, y se toma una nueva dirección sorprendente.

* * *

Así que esos son los tres estados, y siempre estás en uno de ellos. Algunos pasan toda su vida en uno de los dos primeros, pero la mayoría de nosotros entramos y salimos de los tres estados, muchas veces en un solo día. Una vez que comiences a identificar en qué estado te encuentras, incluso sin intentarlo (de hecho, no intentarlo suele ser la mejor manera) simplemente desearás pasar a un estado mejor. Ser consciente de los estados en ti mismo es todo lo que necesitas para comenzar a tener más opciones y libertad.

Y, solo para aquellos a los que les gusta la neurociencia, resulta que, al usar una máquina de electroencefalograma para medir las ondas cerebrales, se detectan tres tipos principales de actividad cerebral. Las ondas *theta*, *beta* y *alfa* se corresponden bastante bien con ser *tamásico*, *rajásico* y *sátvico*. Pero puedes darte cuenta, realmente puedes, solo por cómo te sientes. El estado *sátvico* es como el terciopelo, el mundo es suave. Solo quieres estar allí todo el tiempo.

Que suene bien no significa que sea verdad

No todo pensamiento es sensato o bueno. El hecho de que algunas palabras puedan hacerte sentir bien no las convierte en verdad. Al principio de mi carrera, ayudé a enviar a prisión a un violador de niños. Era la pareja de la madre de una niña de doce años. Cuando la policía llegó a su casa, supo que el juego había terminado. Mientras recogía sus cosas para irse con ellos, tal vez consciente de su fría mirada sobre él, murmuró: «Alguien se lo habría hecho de todos modos». Y luego, en caso de que no hubiera sido lo suficientemente claro, «Mejor para ella que fuera alguien a quien conoce».

Nunca he conocido a una persona que haya hecho cosas horribles que no tenga una historia en su propia mente que le diga que lo ha hecho bien. A esto lo llamamos «racionalización». Hay mucho sobre el tema. En mi país, Australia, los políticos detienen a niños pequeños y familias que llegan en barcos, porque así ganan el voto de personas asustadas que ni siquiera han conocido a un refugiado. Tienen una historia para convertirlo en una buena acción: lo hacen «para salvar vidas». Nadie con medio cerebro se deja engañar por eso. «Detener a las personas de los barcos» en realidad significa que «morirán en otro lugar», pero nunca dicen eso. Está lo que quieres, y está lo que hace que suene bien. Y ahí está lo que es realmente correcto. En la isla de Tasmania, donde vivo, las personas que quieren destruir bosques o extraer carbón para ganar dinero rápido dicen que es porque quieren crear puestos de trabajo. Luego reemplazan su fuerza de trabajo con máquinas enormes. Pero está dentro de nuestras propias cabezas que debemos tener cuidado con esto. Podemos envenenar a una familia y causar un estrés enorme en los niños, si no somos honestos acerca de nuestras razones o sinceros con nuestras necesidades. Nosotros decimos una cosa, pero el supersentido dice: «Eso no es cierto». Resolver esto es lo que realmente importa. No es fácil vivir con integridad, pero el compromiso de intentarlo hará que, con el tiempo, te conviertas en alguien que pueda caminar con la frente bien alta. Mi parte favorita de un libro o de una película es cuando un personaje, a menudo un joven o una mujer o un hombre anciano con ojos legañosos, de repente habla con absoluta claridad. La verdad, en última instancia, es siempre tu amiga.

En la década de 1990, cuando se publicó por primera vez mi libro *Manhood*, se impulsó la creación de cientos de grupos de hombres, para que estos encontraran apoyo mutuo y llevaran una vida mejor. Algunos de estos grupos han durado veinte años o más, lo que en nuestros tiempos tan ocupados sugeriría que llegaron a ser bastante importantes en la vida de esos hombres. Para el espíritu de un grupo de hombres es fundamental tener un tipo de conversación diferente de la que sería posible en un pub o en un vestuario. La regla siempre es hablar desde el corazón, y cuando alguien habla, no hay que aconsejarle o teorizar, sino simplemente escucharle. A menos que seamos invitados, por amigos cariñosos pero francos, a dar sentido a nuestras vidas, muy a menudo nuestras vidas tienen poco sentido. Cada vez que leo acerca de las terribles acciones de los hombres, de que se autolesionan o dañan a otros, siento una punzada de dolor, porque eso podría haberse evitado con un buen grupo de hombres. Lo he visto hacer muchas veces. En los grupos de hombres, o en un grupo de terapia, la llamada a la mentira de la racionalización es muy importante. Un hombre habla durante cinco minutos sobre sus problemas matrimoniales, antes de que uno de sus compañeros pregunte en voz baja: «Dave, ¿el problema es el sexo, de verdad?».

Sorprendentemente, la mayoría de las personas apenas pueden pensar más allá de un balbuceo de diálogo interno sin conexión con la realidad. Lee las charlas en las redes sociales, entre muchos grupos demográficos diversos, y verás que lo que pasa por «pensamientos» es a menudo solo una colección de clichés reciclados. Una gran proporción de la raza humana en realidad no razona sus vidas; hace lo que le da la gana y solo sube a la tercera planta para encontrar una historia plausible que les suene bien en la cabeza.

La escuela quizá debería incluir, como materia alrededor del noveno curso, un entrenamiento intensivo sobre cómo argumentar, razonar y separar lógicamente los hechos de los sentimientos. Esta manera de ser duro con quien amas es el papel clave de la tutoría y la paternidad a ciertas edades. Llamar a nuestros hijos, suavemente, pero con verdadera determinación. Quizá el 80 % de la crianza de los hijos es hablar sobre lo que tiene sentido, sobre cómo funcionan las cosas. Las tías hacen esto bien con las sobrinas adolescentes. Pueden tener conversaciones largas y reflexivas sobre cosas demasiado vergonzosas como para hablarlas con mamá: «Claro, es bastante guapo, pero ¿quiero aburrirme con él como una ostra?». Hacen preguntas como, «¿Qué quieres de la vida?», «¿Qué es lo que nunca tolerarías?», «¿Qué es lo más importante en la vida para ti?». Incluso pueden gritarte: «¡Dices que quieres esto, pero estás haciendo aquello!». Si nadie flexiona este tipo de músculos para nosotros, ¿cómo pueden volverse fuertes?

La clave para entender el cerebro humano es entender que nunca fue diseñado para funcionar solo. Necesitamos ser parte de una red de mentes, para hacer referencias cruzadas y aplicar algunos controles de cordura. Y a ser posible con personas que no lo vean como nosotros en absoluto. Puedes estar muy fructíferamente casado con alguien con una visión del mundo completamente diferente.

Llegar más alto

Desde lo básico del pensamiento, gritarle a nuestro compañero cavernícola que no deje que se quemen los bistecs de mamut, hasta organizar a diez mil personas por una buena causa, nos elevamos cada vez más, eventualmente para descubrir la vida misma.

Richard Rohr, el sacerdote franciscano rebelde y un profundo pensador sobre la vida y el propósito, es muy bueno para llevar las cosas a este nivel. Rohr era consciente de que muchos adultos pasan por la vida pensando como niños, y que esto ha llevado a nuestro mundo a un lugar bastante terrible. Si tú y tus seres queridos, o el mundo que atesoras, resultáis dañados o incluso destruidos, es probable que sea porque sois niños (o niñas) pequeños en cuerpos grandes, ejerciendo un poder en el que realmente no se debe confiar. Políticos, oligarcas, personas amorales con vastos intereses financieros, dictadores, hasta patanes comunes y corrientes y almas perdidas: todos ellos hacen que nuestro mundo sea tenso e inseguro. Como descubrimos en la crisis de la COVID, cuestan muchas vidas. Rohr estableció cinco entendimientos, o realizaciones, que marcan la diferencia entre un adulto y un niño. Los estableció para que formaran parte de un rito de iniciación, como verdades sagradas confiadas a los jóvenes que pasan de la niñez a la edad adulta. Aquí están…

1. Vas a morir.
2. La vida es dura.
3. No eres tan importante.
4. Tu vida no trata solo de ti.
5. Nunca puedes controlar los resultados.

¡A primera vista, no son precisamente alegres mensajes de liberación! Es un seminario de Anthony Robbins al revés. Pero quédate con ello, y tu pensamiento comenzará a ganar una especie de tracción valiente en la vida.

Saber que vas a morir es importante, no solo para que seas más cuidadoso cuando conduces el coche, sino también para evitar que desperdicies tu vida adormeciéndola o desperdiciándola en trivialidades o distracciones, ansiedad innecesaria o por no seguir tus sueños. En su libro *Viaje a Ixtlán*, el mentor navajo de Carlos Castaneda le dijo que mantuviera la muerte siempre a su lado, justo sobre su hombro izquierdo, un acicate para avanzar siempre por el «camino con corazón». El conocimiento de la muerte tiene un papel muy afirmador de la vida, intensifica nuestra vida. Un día se acabará el juego. No pierdas ni un momento.

Saber que la vida es dura significa que estás advertido de que nada que valga la pena llega sin un esfuerzo aplastante. Que, en la vida, hay pena en la misma medida que alegría, pero que aun así vale la pena. (Fred Rogers, mencionado anteriormente, enseñaba esto con mucha sensibilidad en sus programas incluso para los niños más pequeños. Nunca rehuyó la enfermedad, la discapacidad y la muerte como cosas reales en la vida de los niños, sobre las que necesitaban que fuéramos sinceros. La vida es dura, pero nunca hay que afrontarla solo, el amor de otras personas es lo que hace posible que nos sintamos seguros y podamos volver a ponernos de pie).

Darte cuenta de tu ordinariez no quita tu singularidad, solo impone una humildad necesaria. Es extraño que en la cultura más deshumanizante y conformista que jamás haya existido en el planeta (especialmente para los adolescentes), nos seduzcan los mensajes sobre nuestra cualidad de ser especiales. Los selfis, por ejemplo. Importamos profundamente, ya que somos parte de la cadena de la vida y podemos protegerla y contribuir a ella. Pero lo hacemos mejor buscando con humildad esos espacios en los que podemos tomar nuestra parte, apreciando todos los esfuerzos de los demás que han hecho posible nuestra vida.

El quinto punto de Rohr es probablemente el más aleccionador de todos, y es muy importante aceptarlo: pasamos la mayor parte de nuestras vidas aprendiendo. En un matrimonio, por ejemplo, o en cualquier relación duradera, nos enfrentamos a algo muy difícil de aprender: que debemos abandonar el control, si queremos tener algo de intimidad, confianza o diversión. De hecho, ¡hasta elegir dónde ir a cenar! El amor es literalmente un baile, y en un baile haces tus movimientos pero no tratas al otro como un maniquí de tienda; sientes el camino común y, con suerte, todos vuestros movimientos se combinan. Millones de hombres y mujeres no entienden esto y buscan controlar a la otra persona, temiendo que, si no lo hacen, nunca verán satisfechas sus necesidades. La sexualidad y el deseo son grandes pruebas de esto: rara vez tenemos la misma intensidad de necesidad al mismo tiempo. Pero una pareja de baile está dispuesta a contonearse y encontrar el ritmo y, sobre todo, a tratar a la otra persona como a un ser igual y autónomo. Y confía en que la música la unirá a ella.

Aquí hay una distinción importante. Nuestra falta de poder no significa que debamos renunciar a tratar de hacer las cosas lo mejor posible. Es una de esas paradojas que suele ofrecer la realidad. Quizá la más grande es que las cosas terribles como las enfermedades, los accidentes, por no hablar de la guerra o de los desastres naturales, siempre han formado parte de la existencia humana.

Como terapeuta, todo mi esfuerzo recae en ayudar a las personas a obtener más control de sus vidas y, como ser humano en apuros, cómo manejar la mía. Pero la conclusión es que, si bien podemos gobernar nuestros pequeños botes y remar con fuerza en los momentos clave, se desatan tormentas y se generan remolinos.

Hagas lo que hagas, a veces te impactarán fuerzas impredecibles, en ocasiones de manera devastadora. Tienes dos opciones: puedes vivir aterrorizado por eso o, de una manera extraña, relajarte. Porque está fuera de tu control. Podemos hacer mucho para que la vida sea segura, saludable y feliz, pero luego solo podemos confiar en que las cosas salgan bien. Y cuando sucedan eventos horribles, recuerda que tenemos herramientas para manejarlos, porque los seres humanos estamos diseñados para eso.

Conocer bien tu mansión de cuatro plantas te ayuda a no dejarte aplastar por la vida. Como la psicoanalista Clarissa Pinkola Estés escribió tan bellamente: «Fuimos hechos para estos tiempos».

Ser adulto

La edad adulta, entonces, es la comunidad de aquellos que se han dado cuenta de que la vida consiste en vivir unos para otros la vida de la que formamos parte. Cualquier otra cosa es una parodia triste, muy poco divertida. Los ganadores en este mundo no son quienes pensarías, y rara vez aparecen en los titulares.

La edad adulta no llega con el paso de un cierto número de años; hay millones de bebés caminando en cuerpos de adultos, a menudo en posiciones de gran poder, y hacen de nuestro mundo un lugar peligroso, dañado. Se necesita intervención para ayudarnos a entrar en la edad adulta. Esas intervenciones existen en todas las culturas indígenas del planeta Tierra: se llaman ritos de iniciación. Los ritos de iniciación tienen pasos claramente delineados, y quizá el más importante es el proceso ritual de la muerte de nuestro viejo yo, para que podamos nacer en un nuevo lugar. Esto no es fácil. Solo podemos aprenderlo en las relaciones con personas que se preocupan concretamente por nosotros y están en nuestras vidas a largo plazo, como los ancianos de las tribus de cazadores-recolectores, que nos querían y siempre estaban ahí para nosotros en todas las etapas y dificultades de la vida. La edad adulta para nuestros antepasados no significaba salir a un mundo grande y sin corazón, sino a una comunidad de adultos solidarios que compartían esas metas que afirman la vida. La iniciación es la manera de construir la comunidad. Entonces, querido lector, si tu vida es demasiado difícil, la comunidad es a donde debes acudir para encontrar ayuda. Incluso ayuda imperfecta. Todo el mundo, como tú, busca su camino. Nunca debes sentirte solo.

El mensaje final de la enseñanza de Rohr, de convertirse en un verdadero adulto, es que, después de haber pasado unos veinte años logrando la independencia y un sólido sentido de uno mismo, debemos desecharlo. Renacemos de nosotros mismos. El ser humano maduro ama la vida y sus muchos placeres, pero sabe que no es ahí donde se encuentra el gozo profundo. Se preocupa y se dedica cada vez más al bienestar de las personas y de la vida que les rodea. Asumen la administración de la Tierra y dan su vida, a veces literalmente, con ese fin.

Entre mis colegas y amigos de todo el mundo, ahora hay un esfuerzo concertado para frenar y revertir la emergencia climática, una carrera que es literalmente a vida o muerte. Las proyecciones de un mundo sobrecalentado son que solo podría alimentar y ser seguro para mil millones de personas en total para finales de este siglo (en vida de los niños que nacen hoy). Actualmente tenemos ocho mil millones. He tenido amigos, gente respetable, reflexiva y colaboradora de sesenta y setenta años, que se manifestaron, bloquearon bancos, calles de la ciudad u oficinas de parlamentarios, fueron arrestados y llevados a los tribunales, regresaron y lo repitieron de nuevo. En todo el mundo, personas mayores, reflexivas y afectuosas tratan de encontrar maneras seguras y pacíficas de detener la extinción de la raza humana.

Sus propias vidas no son tan valiosas para ellos como el conocimiento de que sus nietos tendrán un presente aciago.

Entonces, este es el mundo verdaderamente increíble que tienes disponible en la tercera planta de tu mansión. Puedes llegar a una vida llena de significado al decidir conscientemente cuidar de los demás. Pensar de una mejor manera puede aliviar tu sufrimiento, darte una perspectiva e inculcar significado en los rincones difíciles de la vida. Puede transformarnos del victimismo al dominio de la vida misma. Esta planta es la que delinea nuestra especie y su potencial. Somos una metacriatura y nos dirigimos a un lugar tan emocionante como la exploración del espacio exterior.

Y no se detiene allí. El pensamiento lleva hacia arriba, a los valores. Los valores, a su vez, elevan a acciones de un tipo muy especial. Y luego, hay más. Un día, explorando tu tercera planta, te encuentras con algo muy extraño. Es una escalera descuidada y polvorienta que conduce a una trampilla en lo alto. A medida que te aventuras por esas escaleras, puedes escuchar fragmentos de música y ver la luz que sale de las grietas. ¿Qué hay ahí arriba? Antes de que lo averigüemos, querido lector, debes hacer una pausa y recomponerte. Tómate un descanso, una taza de té y luego seguimos.

TU CEREBRO PENSANTE, EJERCICIOS DE REFLEXIÓN DEL 1 AL 5

Razonar tu vida y tus elecciones, y hacerlo bien y con calma, es tanto una habilidad aprendida como algo que eliges hacer o no.

1. Cuando eras niño, ¿tus padres y tu familia se sentaban y hablaban con calma sobre las cosas y usaban la lógica y el razonamiento para encontrar la mejor manera de hacer las cosas?

2. ¿Puedes reconocer en ti una tendencia a decidir primero lo que quieres y luego inventar razones para justificarlo? ¿A ti mismo? ¿A otra gente? ¿Estarías dispuesto a renunciar a eso?

3. ¿Has tenido la experiencia de entrar en una discusión y luego darte cuenta de que la otra persona tiene razón, o que incluso la tiene desde su punto de vista? ¿Eres capaz de renunciar a un punto de vista frente a la evidencia de lo contrario? ¿O eres alguien que insiste con terquedad?

4. ¿Con cuál de las cinco verdades de Richard Rohr te sientes identificado en este momento?

   1. Vas a morir.
   2. La vida es dura.
   3. No eres tan importante.
   4. Tu vida no trata solo de ti.
   5. Nunca puedes controlar los resultados.

5. ¿Tuviste alguna vez problemas con uno o dos de estos puntos, pero ahora ya no?

DOMESTICAR A LA MULTITUD
QUE HAY EN TU CABEZA

Uno de los hallazgos más sorprendentes de la investigación moderna sobre el cerebro, y también una sólida enseñanza de las antiguas tradiciones de meditación, es que el *yo* y el *nosotros* en el que solemos pensar, en realidad no existe. Dicho sin rodeos, tú no existes. La neurociencia ha buscado durante mucho tiempo en qué parte de tu cuerpo o cerebro podría estar el asiento real de tu ser, y simplemente no aparece por ningún lado. Experimentamos la vida como un flujo y una continuidad, y eso nos ayuda a ponernos los zapatos y recordar cepillarnos los dientes. Pero somos más como una ola del océano que como un ladrillo. Tenemos continuidad, pero cambiamos todo el tiempo. Hay muchas ramificaciones, pero una es darse cuenta de que los «falsos yoes» pueden hacerse cargo fácilmente y pueden ser secuestrados por entidades, partes de su propia composición, que en realidad no están a la altura del trabajo para sus mejores intereses. Las personas con ciertos trastornos cerebrales conocen la aterradora experiencia de escuchar voces, a menudo sentenciosas o perturbadoras, que las acosan o las atormentan, pero todos los seres humanos sufrimos eso hasta cierto punto: discutimos con nosotros mismos o luchamos contra impulsos que nos harían daño. Simplemente pasar por delante de una pastelería puede ponernos en conflicto.

(¿Recuerdas aquellos episodios de dibujos animados del Pato Donald en las que un patito diablo y un patito ángel salían de su cabeza y discutían lo que debía hacer Donald? No somos una sola persona, nacida intacta; más bien somos criados por otros humanos que hemos asimilado en nuestro ser; tenemos unas células especiales llamadas «neuronas espejo» que se dedican específicamente a llevar a cabo esta internalización de modelos que hay que seguir.

Entonces, en la edad adulta, somos esencialmente un conjunto de todas las personas, buenas y malas, que han influido o impactado en nuestras vidas. Y los miembros de esa multitud dispar rara vez se llevan bien.

Lo primero es averiguar quién está ahí. Si uno de tus padres o ambos, u otro cuidador, fue duro y crítico contigo, entonces probablemente tendrás ese tipo de voz en tu cabeza. «Espabila», «¡Inútil!». Si te sientes triste en un momento dado, algo útil que puedes hacer es comprobar si esta subpersonalidad se ha apoderado del micrófono. Además, en la composición de la mayoría de las personas es probable que haya un yo desafiante y enérgico pero bastante descerebrado, lo que Billy Connolly una vez llamó un «rebelde sin ideas». Esta subpersonalidad se exaltará por culpa de las señales de tráfico y comenzará peleas que solo pueden terminar en lágrimas. Esa parte de tu naturaleza es útil para salir de la rutina (y, por supuesto, tiene un trabajo vital en la adolescencia para sacarte de tu familia), pero no es alguien al que quieras realmente a cargo de tu vida. El rebelde en ti sabe lo que no quieres ser o hacer. No es tan bueno en la toma de decisiones que te hagan avanzar.

Finalmente, en la mayoría de nosotros también hay un yo seductor, indefenso, con voz de bebé, hábil para lograr que otras personas lo rescaten, o una versión quejumbrosa y autocompasiva de lo mismo. Lamerse las heridas tiene su momento. Admitir que necesitas ayuda es un aspecto importante de la madurez. Pero estos son estados mentales para generar cambios y luego seguir adelante; no son una receta para la autosuficiencia madura o el verdadero empoderamiento.

No todas las personas que hay en tu cabeza son negativas, espero que tengas muchas que te ayuden. Un yo amable y alentador. Un yo lógico similar al Sr. Spock. Un yo divertido, espontáneo y juguetón. Estos tres yoes forman un buen equipo juntos: cálidos, sabios y llenos de vida.

Didi Bark, una educadora inglesa de Steiner, ahora en sus ochenta, quien me hizo pensar en esto por primera vez, les dio a sus distintos yoes nombres divertidos para que así pudiera manejar la multitud dentro de su cabeza.

(Didi era el colmo de la respetabilidad, por lo que me sorprendió que uno de sus yoes se llamara «Charlotte la Ramera».) Aprendí este truco de ella y lo uso a menudo para desarmar a los ocupantes más tóxicos de mi cráneo. Los caballos salvajes no podrían sacarme esto, pero es posible que te diviertas designando tu propia versión de Harry el Desvalido, Vern el Vengativo, Grasper el Fantasma Codicioso o Simon el Listillo y su hermano Pete el Pomposo. Una vez detectados, puedes castigarlo fácilmente contra la pared y divertirte con otros habitantes de tu mente mejores que ello).

¡Cuidado con los habitantes de tu propia personalidad! Harry el Desvalido, Vern el Vengativo, Simon el Listillo y su hermano Pete el Pomposo. Todos necesitan ser vistos regularmente y enviados de regreso a sus cuevas.

7

SECCIÓN ESPECIAL
Entregar al macho

Nota: esta es la segunda de nuestras secciones de trabajo, en la que aplicamos lo que hemos aprendido a los problemas a los que la mayoría de los lectores, y el mundo en general, se enfrentan con cierta urgencia. Esta sección especial aborda el problema terrible y aparentemente intratable de los «hombres echados a perder» y cómo crear una masculinidad amable que afirme la vida. Los hombres plenamente humanos son algo que las mujeres y los niños anhelan y que todo el mundo necesita con urgencia. Para que nuestro planeta sobreviva, debemos tener la masculinidad correcta. Y lo bueno es que sabemos cómo. Esto ha sido gran parte del trabajo de mi vida. Pero permíteme comenzar con una historia personal, que ocurrió hace mucho tiempo…

* * *

Los días de escuela habían terminado. De repente, rara vez veía a los amigos con los que había pasado todos los días durante los últimos seis años. La inminente perspectiva de la universidad, emocionante y aterradora a partes iguales, se mantenía a raya gracias a los rituales familiares de un verano australiano. Entonces, de la nada, llegó la llamada telefónica. Era uno de mis amigos, pero sonaba extraño; algo había pasado. Estaba tan desconcertado que me dio el mensaje de manera confusa. Iba a haber un funeral. Uno de nuestros amigos había muerto. Había sido un accidente de tiro. Nuestro maestro de la escuela había pedido a varios compañeros de clase que nos lo hicieran saber al resto. Colgué el teléfono y me senté, aturdido y entumecido.

El servicio religioso, celebrado al día siguiente, fue espantoso. Las niñas de nuestra clase lloraban angustiadas. Vi a los padres de David: una madre que parecía angustiada, un padre mudo y rígido. El sacerdote lo hizo lo mejor que pudo, pero, al no conocer a la familia, solo pudo soltar tópicos: «Nos recuerda a otro David…». En mi cerebro embotado, con Asperger, siempre luchando con la comprensión social, algo parecido a la ira se agitó. Aquello no estaba bien. Salimos a la brillante luz del sol, sin decir palabra, y nos arrastramos hasta llegar a casa.

Ni siquiera había contemplado todavía que mi amigo podría haberse suicidado. Era un chico amable, pero también el más inteligente, y superaba con mucha facilidad los exámenes de la escuela. A la manera de los escolares de la década de 1960, nuestro grupo bromeaba todo el día, no hablábamos en absoluto sobre nuestros mundos interiores; comentábamos los programas de televisión que habíamos visto la noche anterior, teníamos debates filosóficos, dirigíamos alguna que otra palabra amistosa a una chica, o éramos el tema principal y desconcertado de sus bromas o coqueteos. Pero tengo un recuerdo específico de David que se ha quedado conmigo durante las décadas siguientes. Fue un momento de amabilidad inusual. Vivía a unos seis kilómetros de la escuela e iba en bicicleta todos los días.

Esa mañana el viento soplaba con mucha fuerza y, en una especie de estallido hormonal, había salido muy temprano y pedaleado a duras penas, esforzándome demasiado. Llegué a la escuela todavía casi desierta, tan sin aliento que pronto me di cuenta de que tenía intensas arcadas. Vomité en un cubo de basura cerca de mi casillero, y vi vagamente a David a unos diez metros de distancia. Se acercó y me puso una mano en el hombro, mientras yo me quedaba sin aliento, mirando los restos de mi desayuno entre las bolsas vacías de patatas fritas. Ser consolado por un compañero de clase en la década de 1960, y mucho menos ser tocado de otra manera que no fueran golpes y empujones, fue tan inusual, y lo necesitaba tanto en ese momento, que todavía puedo sentir su mano en mi hombro cincuenta años después.

Mi madre se enteró por rumores unas semanas después del evento que su muerte no había sido accidental, pero reconocerlo fue muy difícil para mí, porque era incomprensible. Había estado absolutamente comprometido con el éxito académico, con dominar el plan de estudios intensivo en ciencias; todos vivíamos para la ciencia, su mundo seguro de reglas y certezas. Había elegido morir el día antes de que comenzara la universidad. Claramente, ese era un umbral que no podía cruzar. Sin embargo, había sido el objetivo de su vida. Nada sumaba.

Solo décadas después se me ocurrió que alguien podría saberlo. Tan pronto como pude, regresé a Melbourne y encontré la oficina donde se guardaban los registros del forense. Una amable mujer recuperó una carpeta de los archivos que se extendían en la penumbra. Me miró y dijo con suavidad, tras una pequeña pausa antes de entregármelo: «He leído la causa de la muerte y solo quería advertirte que podría haber fotografías».

No había nada por el estilo. El archivo era impactante solo en su brevedad. Describía, como deben hacerlo esos informes, los detalles físicos de cómo había acabado con su vida. Terminaba con el eufemismo estándar, «No hay circunstancias sospechosas». Volví a sentir la ira que había experimentado en el funeral, treinta años antes. ¿Cómo pudieron permitirlo? ¿Qué le había pasado a mi amigo? Hoy no estoy más cerca de saberlo. Un asesinato puede ocupar años de trabajo a los equipos de personas para «resolverlo». Pero suicídate y nadie se molestará en investigar por qué.

Por supuesto, sabemos que ser adolescente es difícil. Hay culturas en las que no es así, pero la nuestra es tan deficiente a la hora de apoyar la transición de niño a adulto que hemos convertido la adolescencia en una tierra de nadie que da mucho miedo atravesar. Simplemente no brindamos la sensación de seguridad y conexión de los adultos afectuosos, especialmente los adultos más allá de la familia. Niños y niñas por igual se encogen en las trincheras. Muchos resultan heridos, algunos de muerte. El suicidio juvenil, que había disminuido durante décadas, recientemente ha comenzado a aumentar de manera progresiva, y los niños «tienen éxito» en este acto en una tasa que duplica la de las niñas.

Mi propia adolescencia, como la tuya sin duda, tuvo aspectos tanto únicos como universales. Una característica de la juventud de la década de 1960 era la ausencia casi total del tacto. Tuve padres cariñosos y estables, pero el lenguaje entre padres e hijos en esos días no se extendía a los abrazos. De niños pequeños, nos encantaba sentarnos en el regazo de nuestro padre, un hombre de clase trabajadora, más físico que verbal. Nos adoraba y era divertido y amable. Pero mi madre era de ese clase social de personas rígidas y torpes con sus cuerpos. Mis recuerdos más intensos en cuanto al tacto se remontan a cuando era un niño pequeño, mientras me sostenían en el asiento del inodoro, grande y frío, y mi madre se agachaba frente a mí y me sujetaba para evitar que me cayera. ¡Recuerdo la cercanía de esos momentos y prolongo la experiencia lo mejor que puedo! Mi madre tenía ya más de sesenta años cuando mi hermana y yo finalmente la persuadimos para que nos dejara abrazarla, para que suavizara el cuerpo en lugar de tensarlo y medio estrangularnos, y, una vez que lo hizo, le encantó y nunca más se perdió un abrazo.

A los trece o catorce años, después de la infancia, podías pasar meses sin que una sola persona hiciera más que rozarte la ropa sin darse cuenta, y mucho menos piel con piel. Los antropólogos han notado la extrema falta de tacto en algunas culturas y su correlación con la violencia. Sin embargo, en las sociedades indígenas de cazadores-recolectores, ser sostenido, cargado, abrazado como a un niño era tan normal como respirar. En Asia, hasta el día de hoy, los amigos varones se dan la mano en la calle. En los hogares indios que he visitado, los niños casi nunca están lejos del contacto afectivo. Justo en la edad adulta joven, los hermanos y amigos del mismo sexo se abrazan en una conexión relajante. Durante un viaje a Calcuta, en una noche oscura caí en un hoyo profundo; mis anfitriones me sacaron preocupados y me acariciaron todo el cuerpo con las manos, como si fuera plastilina y me estuvieran volviendo a recomponer en una sola pieza.

El tacto brinda la sensación de estar vivo, un extraordinario efecto calmante, las endorfinas y la serotonina fluyen con libertad, calmando tanto el cuerpo como el cerebro. (Los llamados «alimentos reconfortantes» replican este efecto en la «piel» interna del tracto digestivo, que tiene el mismo cableado y orígenes que la piel externa de nuestro cuerpo. Millones de personas comen como sustituto del tacto).

Mi maestra, Virginia Satir, la creadora de la terapia familiar, dijo que se necesitan tres abrazos al día para sobrevivir, seis para prosperar y crecer. «Hambre de piel» era el término utilizado por el psicólogo Harry Harlow, famoso por estudiar a los simios bebés que, sin cuidados maternos afectuosos, se volvían como zombis y estaban profundamente perturbados.

Satir enseñó que tocar afirma tu existencia y tu valor intrínseco y crea una sensación de vitalidad y energía. Es una señal primaria de inclusión en la raza humana. Calma la agitación y crea confianza. Hoy en día, conocemos los beneficios para la salud que brindan los perros en hospitales y escuelas, y en mi patio trasero hay dos perros adoptados que me persiguen todas las mañanas para que les rasque la cabeza, los acaricie y se me froten en las piernas. No creo que los adolescentes necesiten tocar menos que los perros.

Mi Asperger, por supuesto, complicó las cosas. Para conectarse con la gente, especialmente con las niñas, se requería cierta facilidad básica en el intercambio verbal. (¡Incluso esa oración suena autista cuando la leo!). Mis intentos de conversación, hechos con buen humor y cálida intención (no era un pez frío, aunque estaba fuera del agua), simplemente fallaban. Me encantaba la escuela, porque tenía estructura y sabía cómo enfrentarme a eso, pero el tiempo sin estructura era una pesadilla. Apenas sabía cómo caminar, o dónde pararme, o qué cara poner.

158 • PLENAMENTE HUMANO

En aquellos días, los grupos y campamentos de jóvenes de la iglesia eran una característica de la vida de muchos adolescentes. Una mañana helada, en un campamento en algún lugar de Dandenong Ranges, me levanté temprano y di una vuelta. Una pareja joven que conocía estaba de pie junto a la chimenea con abrigos largos. Siempre juntos, se abrazaban y estaban tranquilos y serenos, esperando el desayuno. La chica, de estatura mucho menor que la de su novio y la más expresiva de los dos, me vio, sonrió e hizo algo notable. Extendió su brazo, claramente invitándome a unirme a ellos, atrayéndome a su lado para ser parte del abrazo.

Nos quedamos allí durante varios minutos, dos jóvenes larguiruchos y esa chica avispada entre ambos, abrazados, mirando el fuego, pronunciando alguna palabra extraña de vez en cuando. Podía sentir su calor irradiando en cada célula de mi cuerpo, calmando mi soledad. A esa edad, sentía cada vez más que, si moría, a nadie, incluyéndome a mí, le importaría realmente. Tocar me hizo querer seguir con vida.

Es una apuesta segura que mi amigo, independientemente de las razones para terminar con su propia vida, podría haberse salvado si un pequeño grupo de amigos simplemente hubiera escuchado sus preocupaciones, pasado el rato con él hasta que las superase y, sobre todo, si lo hubieran acogido en sus brazos y acariciado o masajeado para que volviera a querer vivir. Esas niñas amistosas que crecieron a nuestro alrededor habrían ayudado, si hubieran sabido que eso era lo que se necesitaba. Aquella chica sabía que el tacto importaba, o no me habría consolado esa mañana.

LOS HOMBRES NECESITAN AYUDA DEL MUNDO REAL

Durante muchos años hemos tenido la opinión de que los hombres se quitan la vida por su incapacidad para abrir sus corazones. Sus amigos simplemente no tienen ni idea y no pueden ayudarles.

Suponemos que el suicidio es la muerte por soledad. Si bien eso es cierto, en términos prácticos, animar a los hombres a ser vulnerables no es suficiente, porque ¿y si nadie responde?

Se han hecho intentos para que los hombres se sientan menos avergonzados de no poder afrontar la situación, describiéndola como una enfermedad real (depresión) y tratándola principalmente con medicamentos, a menos que tengan una buena situación económica o tengan la suerte de contar también con ayuda o asesoramiento psicológico. Pero la depresión puede ser una respuesta natural a la soledad de la vida y a los sentimientos de fracaso provocados por los estrechos roles que la sociedad impone a los hombres.

De hecho, muy a menudo los hombres buscan ayuda, pero quienes los rodean están tan aturdidos o tan poco acostumbrados a ser solidarios de una manera amigable con los hombres que vuelven a callarse y se sienten aún peor. Los servicios sanitarios y de salud mental continúan siendo lamentablemente inadecuados, tanto en la prestación como en la experiencia en este campo.

El pensamiento actual es que, en lugar de simplemente diseñar campañas para que los hombres se abran, debemos brindar servicios muy específicos en torno a las tres áreas críticas en la vida de los hombres que son evidentes en toda la investigación:

1. Separación y ruptura del matrimonio.
2. Abuso de drogas y alcohol.
3. Desempleo o estrés financiero.

Los pequeños servicios de ayuda para los hombres, locales y amigables, que son prácticos y de apoyo emocional, y que tienen experiencia en estas áreas específicas, parecen ser la mejor forma de prevención del suicidio. En Australia, un gran programa llamado MENDS trabaja con hombres recién separados para ayudarlos a estabilizarse y aprender de su experiencia de ruptura matrimonial, para que puedan tener más éxito en las relaciones en el futuro, y también para construir una base tranquila y fuerte para continuar y ser un buen padre para sus hijos. Dads in Distress[8] es una red de autoayuda que también apoya y educa a los hombres en lo que suele ser la peor crisis de sus vidas y la que presenta más riesgos para su bienestar.

Apenas comenzamos a preocuparnos, de manera inteligente y sensible, por los niños y los hombres y a tratarlos como seres valiosos y sensibles con necesidades únicas. Si queremos que sean esposos, padres, hermanos e hijos empáticos y de corazón abierto, entonces tenemos que tratarlos de esa manera.

En este capítulo, veremos cómo la mansión de cuatro plantas es esencial en la rehabilitación de los hombres. Y cómo las vidas de las mujeres se ven tan enormemente afectadas por los siglos de daños infligidos por los hombres. Espero que, si eres una mujer, obtengas una sensación de claridad y empatía por lo que los hombres están experimentando, qué los ha hecho como son y cómo se puede ayudarles a sanar. Pero esa sanación es responsabilidad nuestra, y por fin los hombres la estamos abordando.

Diría que el 90 % de los problemas de las mujeres tienen a un hombre en su centro. Y, más que eso, la naturaleza competitiva, agresiva e individualista de nuestra sociedad refleja claramente la patología masculina. Las mujeres que lo logran a menudo lo hacen volviéndose masculinas en sus valores y métodos. La respuesta mundial a la primera ministra de Nueva Zelanda, Jacinda Ardern, muestra que existe una forma no patriarcal de hacer política, economía y mucho más. En el primer día de su liderazgo, otra diputada le aconsejó que se lanzara al ataque. La Sra. Ardern respondió clara y definitivamente: «Lo siento, pero no soy así».

---

8. Papás en apuros. *(N. del T.)*

Las mujeres tienen un gran interés en la rehabilitación masculina. En Australia, donde vivo, un país de veinticinco millones de habitantes, una mujer es asesinada por un hombre en un promedio de una vez por semana. Pero la autoviolencia es mucho más común. Seis hombres se quitan la vida al día, y 32.000 llamadas a ambulancias al año son por hombres que lo han intentado. En el Reino Unido, las cosas están un poco mejor, las tasas de suicidio están cayendo gradualmente y el país está en la mitad de las clasificaciones mundiales. Pero todavía se suicidan doce hombres cada día. Esa cifra que casi triplica el número de muertes por accidentes de tráfico sigue siendo una pérdida de vidas impactante.

Hace varios años, en el pueblo donde yo vivía entonces, unos amigos de un hombre, un servidor público recién despedido, fueron llamados por su angustiada esposa a su casa. Tenía un arma, estaba despotricando y llorando incontrolablemente. Los amigos durmieron por turnos en su casa durante varios días (mientras su esposa e hijos se habían ido a otra parte), conversando, tranquilizándolo, discutiendo en voz baja sus argumentos. Siempre había alguien despierto y con él; le habían quitado el arma hacía mucho tiempo. La crisis pasó, y les estuvo profundamente agradecido. Hoy en día ayuda a hombres en situaciones similares, como voluntario, y apenas puede creer lo cerca que estuvo del desastre.

En este momento está emergiendo claramente una nueva masculinidad: los hombres han triplicado el tiempo que pasan con sus hijos en los últimos treinta años, muchos hombres lloran libremente o abrazan a sus amigos, y una generación más joven se relaciona con igualdad con sus parejas o mujeres. Ser gay o transgénero no es algo que los desconcierte ni los amenace en lo más mínimo. Esa es la vanguardia. Pero todavía queda por demoler una capa grande y fea en muchas culturas. Es una tarea de todo el planeta, y tenemos que abordarla ahora.

¿QUÉ SALIÓ MAL?

Vale la pena llegar a las raíces de cómo la masculinidad fue tan a la deriva y se llevó consigo a toda nuestra sociedad. Veamos si podemos hacer esto en solo una página. Durante 300.000 años, un lapso de tiempo casi inimaginable, los humanos vivimos de una manera muy específica e inmutable. Vivíamos en pequeños clanes muy unidos, donde todos estaban emparentados y se preocupaban unos de otros y se protegían. La vida era valiosa: durante la mayor parte de la Prehistoria, los humanos eran muy pequeños en número: en todas las Islas Británicas, en el primer período interglacial, solo había alrededor de 5.000 personas.

Un niño que crecía en ese pasado lejano tenía todo un equipo de hombres (tíos, abuelos y un padre) que lo enseñaban y lo guiaban, casi a tiempo completo, todos los días. Debían hacerlo, porque a los catorce años sería un hombre, y la vida de todos dependía de que fuera hábil y desinteresado y se sintiera seguro. La iniciación adecuada de los niños para ser buenos hombres era una parte importante de todas las culturas del planeta.

La masculinidad se transmitía como un río de una generación a la siguiente. Eran sociedades matriarcales, y la enseñanza de los niños se enfocaba en la crianza y protección de la vida a su alrededor. Cuando era joven tuve el privilegio de pasar un tiempo en West New Britain con personas como esas, y fui testigo de la amabilidad y la cohesión de una sociedad apenas tocada por la Era de los Imperios. Cuando los humanos adoptaron una forma de vida agrícola, la vida se volvió mucho más dura y austera, y el papel de la mujer se degradó: llegaron los comienzos del patriarcado. Sin embargo, en general, la gente todavía vivía en comunidad, y los niños recibían una enseñanza sobre la virilidad que era detallada y tenía dimensiones sagradas.

Entonces, dentro de nuestra propia memoria viva, esto también cambió. Pasamos a una forma de vida industrial y, de repente, hombres y niños estuvieron separados casi todo el día. Los hombres bajaron a las minas de carbón, entraron en fábricas y molinos. Se los llevaron para luchar en guerras catastróficas que mataron a millones, y los que regresaron quedaron dañados y mudos. Muchos hombres mayores hoy en día recuerdan eso como el telón de fondo de sus vidas. Un padre remoto, ya sea alcohólico o violento, o ambos, obsesionado con el control, arremetiendo contra todo y todos. O el otro extremo: inadecuado y aplastado.

Pero la necesidad de paternidad está conectada con cada niño o niña. Todo niño anhela un padre soñado que lo ame, le enseñe, lo aliente y lo afirme. Pero cuando el mundo se industrializó, se perdió el tiempo para ello. Muchos padres se volvieron como ogros, hombres aterradores que aparecían en tu casa por la noche. Y una grieta, enorme y sin nombre, se extendió por los hogares y las familias de los siglos XIX y XX. Robert Bly lo llamó la «herida del padre».

Los niños ya no tuvieron padres, ni tíos, ni siquiera una décima parte de lo que sus mentes y corazones necesitaban para estar completos. Las mujeres lo hicieron lo mejor que pudieron, y eso a menudo fue muy bueno, pero faltaba esa pequeña pero esencial piedra angular de la masculinidad del niño. Creció una generación de hombres que no conocían el mundo interior de los hombres mayores, cómo navegar en un cuerpo masculino, con su química, necesidades y alegrías únicas.

Las mujeres por sí solas pueden criar a los niños para que sean hombres maravillosos, y lo han hecho durante miles de años. Pero a las que les va mejor generalmente han buscado hombres buenos para estar en la vida de sus hijos: abuelos, tíos, el profesor de guitarra, el entrenador deportivo, el vecino gay. Son juiciosos, por supuesto, y ayuda si los hombres estamos disponibles y sabemos que este es nuestro trabajo, que la «paternidad» es una actividad compartida. Un niño necesita experimentar todo tipo de masculinidad que pueda, para que a partir de esos ejemplos pueda descubrir el tipo único de hombre que está en su alma. Es difícil ser un buen hombre, si nunca has visto a uno.

A fines del siglo XX, nueve de cada diez hombres no estuvieron cerca de sus padres, y muchos los odiaban activamente. La herida del padre discurría como un Gran Cañón a través de nuestra cultura, y pensamos que así era como debía ser.

Arreglarlo con tu padre

En el capítulo sobre emociones hablamos de hombres que se sintieron conmovidos por reconciliarse con sus padres distanciados, y eso fue algo valiente y arriesgado. La manera más segura de hacerlo era simplemente preguntando: «¿Cómo era para ti cuando yo era niño?». «¿Qué pasaba en esa época?», sin acusar, solo queriendo entender. A menudo era una revelación. Un hombre, un cirujano, viajó desde Australia de regreso al Reino Unido y encontró a su padre (a quien había odiado en la infancia y al que no había visto durante treinta años) que se moría en un hogar de ancianos. Alquiló un piso y se quedó con él allí, para que muriera en paz. La carta en la que me lo cuenta y me agradece mi ayuda es una de las cosas más valiosas que poseo. Los hombres necesitan que otros hombres aprendan y se apoyen, y que los ayuden a desarrollar una masculinidad más amplia y cómoda. Y para que las mujeres de nuestras vidas no carguen con las emociones por nosotros. Los hombres necesitan con urgencia vivir en las cuatro plantas de su mansión. A los sesenta y siete años, y hablo desde una perspectiva personal, todavía necesito el alimento de hombres mayores que yo, regularmente, en mi vida: me tranquiliza y me hace más valiente. Y espero no superar nunca esa necesidad.

¿Cómo es un buen hombre?

¿Qué hace bueno a un hombre? ¿Qué cualidades debe tener? Una vez se lo pregunté a un público de 200 mujeres, que fueron capaces de mencionar (con algunos comentarios obscenos) todo lo siguiente y mucho más...

- Mansedumbre.
- Amabilidad.
- Consideración.
- Seguridad.
- Sinceridad.
- Confianza.
- Ser digno de confianza.
- Ser divertido.
- Generosidad de espíritu y de corazón.
- Sentido práctico.
- Ser trabajador.
- Ser de corazón abierto.
- Ser amoroso.
- Ser positivo.
- Ser paciente.
- Ser ecuánime.

Fue algo conmovedor escuchar la intensidad con la que hablaron algunas de las mujeres. Se notaba que habían experimentado lo contrario, en muchos casos, y habían agudizado su anhelo por algo más. Y sin duda los hombres tendrían una lista similar.

Una vez generada la lista, señalé algo importante. Cada cualidad cae en una de dos categorías: columna vertebral y corazón. Un buen hombre debe tener ambas. Amar, claramente, es el corazón, pero ser digno de confianza es la columna vertebral. Uno sin la otra no sirve. Puedes tener a tu lado a un hombre amable, divertido y gentil que es irremediablemente poco digno de confianza y con el que no se puede contar. Muchos lectores y lectoras habrán tenido uno así como padre o exesposo. O puedes tener a tu lado a un hombre digno de confianza, sólido y organizado, que sea rígido y frío, demasiado tacaño y sujeto a reglas como para nutrir a tus hijos o a ti. Él estará allí, pero simplemente no tienes la seguridad de querer que lo esté. Si pensamos en la mansión de cuatro plantas, él nunca aparece por la tercera planta. Vive en su cabeza, separado de su corazón.

Al criar a nuestros hijos, debemos asegurarnos de que tengan tanto la columna vertebral como el corazón. Un hombre con verdadera fuerza de carácter, que puede aguantar los momentos difíciles, pero que también sabe cuándo reírse y leerte poesía, no es mucho pedir.

Quítate la máscara

«Arreglarlo con tu padre» es un paso importante. El otro es aprender a «quitarse la máscara». Poder salir del caparazón que te pusiste en la adolescencia y ser real.

> *Un joven de nuestra sociedad elige entre cuatro máscaras: la del tipo duro, la del trabajador ambicioso, la del tipo divertido y la del tipo genial. Ninguno de esos modelos se parece remotamente a un hombre auténtico. Para serlo, no se necesita una máscara en absoluto.*

Imagínate a un chico de catorce años hoy. La pubertad está muy avanzada, los cambios externos son obvios, pero en el interior, los efectos también son geniales. Sus niveles de testosterona, que comenzaron a aumentar a los doce años, haciéndolo al principio soñador y desorganizado, ahora van a toda marcha, y están alrededor de un 800% más altos que en sus años de escuela primaria. Está saliendo de su piel. Pero, ¿qué estamos haciendo nosotros para aprovechar esa energía y bendecirla, o hacerla sagrada?

Siente que la expectativa de crecer y «ser un hombre» viene hacia él como un tren. Pero en realidad no tiene el «software», la historia interior, de cómo ser un hombre. A menos que tenga mucha suerte, su padre y otros hombres en su círculo trabajan muchas horas y apenas pasan tiempo con sus hijos. Y cuando lo hacen, no son muy habladores, ciertamente no sobre sentimientos internos, sueños o historias. Quizás algunos maestros de la escuela son un poco más generosos. Un niño de esta edad quiere parecer varonil y capaz de sobresalir en su mundo social, pero realmente no sabe cómo. ¿Qué debe hacer?

A menos que algunos tíos o amigos de su padre, o un maestro cariñoso o dos den un paso al frente, es probable que se sienta perdido. Solo hay una manera de crear su identidad: falsificarla. Hay un puñado de «máscaras», o roles masculinos estándar, que puede obtener «listas para utilizar». Si crece en una zona pobre de la ciudad donde los jóvenes son violentos o agresivos, entonces él también debe ponerse la máscara de tipo duro.

Si sus circunstancias son un poco mejores y tiene más confianza social, tal vez pueda manejar la segunda máscara estándar: la del tipo genial. Gafas de sol en la cabeza. Ropa ágil. Buen coche. Novia a juego. Una vez más, este papel se puede abandonar, más adelante, sin ningún daño grave. El egoísmo, aunque ridículo, rara vez es fatal.

Si no es muy guapo, o tiene algún otro déficit que cubrir, pero tiene una mente rápida, puede ser el tipo divertido, el bromista que rompe la tensión, se burla de sí mismo y siempre se muestra optimista. Más libre en algunos aspectos para ser poco convencional, pero propenso a la depresión detrás de la máscara. Esta es la opción de máscara más propensa al suicidio.

La opción de la máscara número cuatro es la del trabajador ambicioso, que no es tan sociable, pero puede adelantarse al resto. A algunas chicas les gustan mucho estos chicos: no son tan emocionantes, pero son buenos compañeros de equipo en la búsqueda del éxito material, si eso es lo que quieren. Por ahora, estamos en el mundo corporativo, como los hombres que llevan traje y corbata. ¡Hay menos posibilidades de morir, a menos que se incluya morir de aburrimiento!

Los hombres homosexuales me dicen que ellos también tienen máscaras estándar que ponerse, que son diferentes pero igualmente limitantes, y que es muy importante dejarlas a medida que uno adquiere más seguridad en sí mismo.

El problema con las máscaras es evidente: no se ve a la persona real. Pero, si no nos ven, no conectamos. Nos arrugamos. Lo que funciona en el gran mundo no funciona en la esfera íntima. Las parejas hambrientas de intimidad real se desesperan si alguna vez les sucede esa desconexión, y los niños no se sienten amados o conectados. Un hombre enmascarado en la mesa de la cena no nutre ni tranquiliza. Los adolescentes se encuentran inexplicablemente enojados con su padre, sin saber que es porque solo quieren más de él.

Afortunadamente, todo esto está empezando a cambiar. Hace un tiempo, un videoclip se volvió viral en Internet. Lo protagonizaba la estrella del tenis francés Nicolas Mahut sentado con lágrimas en los ojos, momentos después de perder un partido vital. De repente, su hijo pequeño sale corriendo de las gradas y lo abraza. Los fanáticos estallan en vítores, y hasta su oponente, Leonardo Mayer, los mira empático y con lágrimas en los ojos. Cuando vi ese vídeo, ya había tenido siete millones de visitas. Ser real es algo que la gente de hoy literalmente aplaude. Es tan inusual...

¿Cómo quitarte la máscara? Es tan simple como admitirlo cuando estás perplejo, temeroso, avergonzado, triste, equivocado. No tener miedo de ir a tu segunda planta y sentir. A menudo a esto se lo denomina «vulnerabilidad», pero la capacidad de estar abierto también es un tipo de fortaleza. El dolor, la pena, y la vergüenza (la emoción más difícil de sentir para los hombres) son todo un proceso, y cuando las hemos pasado muchas veces, descubrimos que son nutritivas y necesarias para crecer. Y todo lo que las mujeres les piden a los hombres es que estén dispuestos a crecer.

Hay una fuerza extraña en poder decir, con verdadera franqueza, «No estoy en un buen lugar, pero puedo aceptarlo, no me avergüenzo de ello. Encontraré mi camino. Y tu ayuda y apoyo son bienvenidos». Y entonces puedes dar inicio al trabajo de construirte una masculinidad real, fiel a ti mismo.

Ahora hace treinta años que escribí *Manhood*. Esa primera edición mostraba en la portada un águila que volaba sobre un rascacielos con cientos de ventanas idénticas. Un hombre me escribió que detrás de cada ventana había un hombre soñando con escapar. Si eres un hombre, espero que salgas de la prisión de cristal que te atrapa. Métete en tu cuerpo y baila y muévete, estremécete. Sube a tu corazón y habita todas las estancias de la emoción. Y sal de tu diminuto cráneo hacia los vientos salvajes y la libertad de espíritu.

Si eres una mujer, es muy probable que hayas esperado y rezado por un cambio de la masculinidad, en tus propias relaciones y en el mundo. La idea de que los hombres de tu mundo (padres, esposos, hijos y compañeros de trabajo) puedan ser diferentes, más felices, más seguros, más confiados, más amables, es un deseo muy sincero. En realidad, el mundo depende de que eso suceda rápido. Espero que este libro sobre ser plenamente humano ayude en eso.

8

LA CUARTA PLANTA
La espiritualidad no es lo que piensas

Ha estado lloviendo durante días, pero el domingo por la mañana asoma el sol. Él entra a la cocina y le dice: «Hace un día precioso, ¿qué tal si vamos a la playa?». Ella duda, frunce el ceño, mira a los dos niños pequeños que se pelean en la sala de estar y luego, impulsivamente, dice: «Oh, ¿por qué no?». Conducen hasta una cala tranquila que conocen y caminan por la playa, el perro corretea por delante de ellos. Al final de la cala, se detienen y descansan. Los niños juegan en la orilla, totalmente absortos. Repentinamente cansado, él se tumba, con el sombrero sobre la cara. Ella pasea un poco más. Más tarde, caminando de regreso por la orilla del agua, ella lo toma de la mano, algo que no hacía desde hacía un tiempo. Mientras conducen a casa de vuelta, los niños se quedan dormidos en sus asientos.

* * *

> *Mucho de lo que hacemos no es lógico, en la superficie. Pasear por las playas, cultivar flores, prodigar cariño a un perro. Pero en realidad eso es el corazón mismo de lo que hace que la vida funcione.*

Un visitante de otro planeta vería mucha actividad humana y estaría desconcertado en cuanto a su propósito. Mucho de lo que hacemos no es lógico, en la superficie. Pasear por las playas, cultivar flores, prodigar cariño a un perro. Pero en realidad eso es el corazón mismo de lo que hace que la vida funcione.

Aquí hay una pregunta sorprendente: ¿qué tienen en común esas y las siguientes actividades?: hacer surf, montar en *skate* o en bicicleta por la montaña, emborracharse, trabajar mucho en un pasatiempo o proyecto, ir a festivales de música y conciertos de rock, ir a la iglesia, hacer el amor, consumir drogas, unirse a una clase o a un retiro de meditación, caminar por una montaña, nadar desnudo a la luz de la luna, ir a un partido de fútbol, ponerse los auriculares y bailar en la sala de estar, jugar a un emocionante juego de ordenador, componer música, hacer arte, tener una breve e intensa noche de amor, comprometerse en una relación a largo plazo, tener y formar una familia.

Lo que tienen en común te sorprenderá. Todas las acciones anteriores son, en el fondo, búsquedas espirituales. (Y he dejado fuera algunas de las más desafiantes). Por supuesto, si le preguntas a la persona que está haciendo cualquiera de las anteriores, «¿Por qué lo haces?», rara vez se escandalizarán. Dirán: «Porque me encanta hacerlo, me hace sentir bien». Pero la razón por la que los hace sentir bien, si se explora, conduciría a algo como: «Me siento más vivo, más completo, más fuera de mi ser habitual cuando hago esa actividad».

Las búsquedas espirituales son acciones que se llevan a cabo para perder nuestro sentido de distanciación y formar parte del todo. Todo el océano, toda la multitud de las gradas del estadio de fútbol, todo el auditorio palpitando al ritmo, todo el cielo que gira en las alturas… (Por supuesto, algunas de las cosas que hacen los humanos para sentirse bien pueden ser terriblemente disfuncionales o causar un daño horroroso. Pero incluso las acciones más malvadas —violencia, abuso, destrucción— todavía se originan al tratar de alcanzar ese sentimiento de liberación y paz). Estas acciones aparentemente irracionales de las que la mayoría de los humanos simplemente no se cansan, y cruzarán océanos para experimentarlas, tienen un solo objetivo: hacernos sentir como en casa en el universo y, con suerte, llevar algo de ese sentimiento a la vida normal.

Al principio

Cuando somos bebés, o niños pequeños, si las cosas van aunque sea a medias, nos sentimos absolutamente seguros y encantados la mayor parte del tiempo, conectados a los brazos y el cuerpo de nuestra madre, con sus sonrisas y mimos. Esto pronto se amplía a las cosas que hay en la casa y en el patio trasero, a la voz profunda de nuestro padre y los juegos que comparte contigo, tal vez a hermanos y a hermanas. En las extraordinarias memorias de Laurie Lee, *Sidra con Rosie*, este sentimiento es descrito por un niño pequeño que crece en el mundo preindustrial de los valles detrás de Stroud, en Gloucestershire. Altas malvarrosas amontonadas, el ruidoso cuidado de sus hermanas mayores, el tumulto de una familia numerosa y pobre.

Empezamos como una parte del todo. Luego, de alguna manera, a través de las imposiciones y privaciones de la vida moderna, nos distanciamos más. No siempre somos apoyados, no siempre nutridos, las palabras comienzan a reemplazar la realidad y nos alejamos de la experiencia directa de la naturaleza y del amor. Los seres humanos están siempre, en el fondo, motivados por el deseo de volver o descubrir la unión con el mundo que los rodea. (Casi todo en nuestra lista, en un momento u otro, desde la sexualidad salvaje hasta el surf o el consumo de alucinógenos, fue alguna vez reconocido y acreditado como práctica religiosa).

Todas las búsquedas espirituales tienen un solo objetivo: perder nuestro sentido de la distanciación y ser parte del todo. Y llevar algo de eso a nuestra vida cotidiana.

La espiritualidad, sentirse fusionados y en casa, no distanciados, es la clave para nuestra salud mental y física. Sin embargo, el problema de muchas actividades seculares pero aún espirituales es que es posible que no aprovechemos completamente sus beneficios porque ignoramos lo que está disponible. Una persona puede hacer el amor con su pareja sin más sentido ni profundidad que comer una hamburguesa. Siendo espiritualmente ignorante, lo hace por hacerlo, y cierra su cuerpo y su corazón a la profundidad de lo que está disponible. De hecho, puede estar asustado por la intensidad que siente en torno a la sexualidad y puede trabajar activamente para disipar los sentimientos inquietantes de ternura hacia su pareja o la vulnerabilidad en sí mismo. (En *Manhood* exploramos la idea bastante impactante de que muchos hombres, al hacer el amor con sus parejas, eyaculan y piensan que eso es bastante bueno, pero nunca llegan a tener un orgasmo de verdad, así que todas las sensaciones están encerradas en una pequeña parte de su cuerpo. Nunca se abandonan o se abren lo suficiente como para experimentar ni siquiera el 10% de lo que es posible sentir. Los orgasmos representados en la pornografía e incluso en las películas convencionales son retratados por hombres que tienen esa experiencia limitada; ¡se parece más a un mal caso de estreñimiento!)

El problema con cualquiera de las cosas que hacemos para «sentirnos mejor» es que, si no conocemos su propósito real, entonces no obtenemos los beneficios y la perspectiva adecuados. No estamos lo suficientemente frescos, abiertos, entregados, y al hacerlo no aprendemos lo suficiente para que los efectos duren. Hacer el amor con un sentido de lo sagrado está a un millón de kilómetros de esto; es como si ambas personas invocaran antiguas fuerzas de creación y encontraran en el otro una fusión con las estrellas, sus seres animales se liberan, hay una celebración de intimidad y confianza, y muchas risas.

Cualquier cosa puede ser sagrada

Cualquier cosa que hagamos puede ser, para utilizar un lenguaje religioso, «dedicada a Dios», puede ser un hecho sagrado, convertido en una apertura en lugar de un cierre de nuestra fuerza vital. Tomemos el ejemplo del surf (o el ciclismo de montaña, el esquí o ir a fiestas *rave*). Incluso el joven menos despierto puede «percibir» el surf como una actividad maravillosa, y lo practicará durante horas y esperará bajo un frío estremecedor para volver a experimentar lo que en realidad son solo unos segundos en la cresta de la ola. (Pero también podría ser croquet). Ese segundo fugaz en el que todo fluye.

La tragedia es que no sabemos muy bien cómo apreciarlo en todos sus niveles. Y así los jóvenes surfistas pueden perderse el significado. Un conocido mío, un hombre mayor, hizo una película sobre el surf, que solo completó después de la trágica muerte de su hijo. Había incluido en la versión original una cita: «La vida es una pérdida de tiempo y el surf es una excelente manera de desperdiciarlo». Me enfrenté con él por eso. La vida no es una pérdida de tiempo, y lo último que necesitan los jóvenes es ser falsamente iniciados en el nihilismo. Para hablar en su defensa, en el fondo lo sabía; después de llorar por su hijo, dedicó su vida a criar niños pequeños en el mundo de los salvavidas del surf. Sabía que no debía soltar semejante tontería. Estamos aquí en este mundo el uno para el otro, y nada más lejos de ser una pérdida de tiempo.

Entonces, ¿qué pasa con la religión?

El filósofo Alain de Botton cree que muchas prácticas espirituales, rituales, mitología y similares han evolucionado simplemente porque somos terribles para recordar, para aferrarnos a la experiencia de estados elevados del ser. Nos escapamos del todo y quedamos atrapados en lo pequeño. Así que adoramos, celebramos o participamos en actividades privadas o comunitarias para traerlo de vuelta. La religión, con todos sus terribles riesgos y fallos, es un intento de codificar y organizar una conexión permanente con lo sagrado. Así que nuestras catedrales están diseñadas para parecerse a poderosos claros del bosque, la luz del sol entrando, troncos y ramas imposiblemente altos sobre nosotros, seres sobrenaturales pintados en las paredes y techos... La religión intenta lo que probablemente sea imposible: fijar lo que es impredecible e inefable y hacerlo repetible y constante, pero incluso el hecho de tratar de hacerlo logra de alguna manera, a lo largo de los siglos, ser una ayuda.

Hace unos años, me involucré en el proyecto más audaz y con más probabilidades de fracasar que jamás había emprendido en mi vida: encabezar un grupo de 300 escuelas y grupos comunitarios en un proyecto de cuatro años para construir una obra de arte de casi medio kilómetro de largo en la orilla del lago Canberra. No cualquier obra de arte, sino un monumento a 300 madres y niños refugiados, que perdieron la vida en una tragedia políticamente explosiva frente a las costas de Australia. (Puedes informarte en www.sievxmemorial.com). Durante esos cuatro años, a menudo sentí miedo y que las cosas estaban fuera de mi alcance, pero descubrí que escuchar a nuestro sacerdote, un hombre bastante excepcional, en mi Iglesia Unida local restauraría y profundizaría mi coraje y convicción de que lo que hacía estaba bien. Como la mayoría de mi generación, había encontrado el cristianismo insoportable en sus formas antiguas, y pasé décadas lejos, pero me atrajeron los ejemplos de activismo y compromiso que parecían más valientes y modestos que cualquier cosa que hubiera encontrado en otros lugares. Ahora luchaba contra la significativa corriente política de odio e intolerancia en mi país, pero sus sermones me vinculaban a una tradición en la que eso era exactamente lo que debía hacer. Donde mi propia comodidad no importaba, y mi pequeñez no tenía por qué preocuparme en absoluto. Luchar por la justicia para los refugiados era una acción espiritual, y el coraje y la paz surgieron al recordarlo.

La religión organizada es peligrosa, ha sido secuestrada y explotada y utilizada como tapadera por estafadores durante todo el tiempo que ha existido. (El mensaje principal de Jesús cuando por fin llegó a Jerusalén fue exactamente ese: denunciar los intereses religiosos creados que habían vendido su propio país a las crueldades genocidas del imperio). Y eso mismo sucede hoy en día: la derecha corporativa estadounidense descubrió que la religión fundamentalista era una cosecha madura, un alijo de credulidad listo para utilizar que podrían recoger como forraje político. Pero sucede en todas las religiones. A pesar de eso, las buenas personas no renunciarán a sus tradiciones de fe, y siguen siendo un cuerpo de entendimiento y práctica que puede ayudarte cuando tus limitaciones personales te dicen que nunca lo lograrás. Las tradiciones de fe ponen a la comunidad en torno al viaje espiritual y dicen: «La gente ha caminado por estos laberintos antes. No estás solo».

DIÁLOGO INTERRELIGIOSO: LA NUEVA ESPIRITUALIDAD

Las personas practican su espiritualidad de dos maneras principales. Entre la mayoría de mis amigos, la opción es proceder solo, tomar algunas cosas de aquí y de allá: un retiro budista en Arran o cerca de Byron Bay; un poco de yoga serio; algo de cristianismo celta. Admiro y envidio eso, y también ha sido mi camino de vida alguna vez. Es un panteísmo natural y saludable que te mantiene libre de las trampas del dogma y del odio que la religión ha llegado a representar para muchos en Occidente hoy en día: guerra, intolerancia, pedofilia... La religión organizada tiene tan mala reputación para muchos que se ubica junto al crimen organizado como algo completamente desagradable cuya desaparición haría que la humanidad fuera más feliz.

Entonces optamos por recorrer nuestro propio camino, y eso ciertamente tiene integridad y la riqueza de combinar muchas tradiciones. Sin embargo, el lado oscuro de la espiritualidad de bricolaje es que nuestro ego no se ve desafiado, ya que somos nosotros los que elegimos y podemos permanecer en las zonas de confort más de lo que sería bueno para nosotros. Puede derivar en una especie de selección y mezcla espiritual, carente de compromiso, profundidad o cohesión.

Pero un nuevo desarrollo está ocurriendo en todo el mundo. A veces, se debe a la coalición de fuerzas que se unen en torno a la catástrofe climática a la que nos enfrentamos. La gente se está dando cuenta de que el mejor activismo, y el más valiente, a menudo proviene de personas religiosas, que por supuesto tienen una larga tradición de enfrentarse al poder y también de no tener miedo al sacrificio personal. Para muchos cristianos, por ejemplo, el hipercapitalismo tóxico es muy familiar: es el Imperio romano de nuevo.

Las personas de fe reconocen un vínculo común, ya seamos hindúes o cristianos ortodoxos. Mientras que los seguidores ingenuos de la religión organizada ven que todo se trata de nosotros y ellos, la única fe verdadera, cualquier persona con dos dedos de frente ve que los fundadores, los místicos conectados directamente que fundaron las religiones, fueron inclusivos y consideraron de igual valor a cada persona y su camino. Ninguno de ellos tenía la religión en mente, esos eran solo intentos falibles de mantener el mensaje. En la espiritualidad, todos los caminos suben a la misma montaña, o no sería la verdadera montaña, después de todo. Si hay un enfrentamiento en tu fe, no es de Dios. Dios no alienta un «nosotros y ellos».

Mi esperanza es que la gente en el futuro se identifique como interreligiosa, como un acto deliberado de rebelión tanto del vacío del secularismo como de la intolerancia del sectarismo. Pero todavía se identifican con su propia tradición como una cuestión de cultura e identidad. Los pueblos indígenas conocen el peligro de la destrucción: si viertes tu singularidad en el río, todo lo que obtienes es río. Tenemos que cuidar nuestro propio linaje.

Soy cristiano porque es mi herencia, un accidente de nacimiento, y no porque crea que es mejor que cualquier otra tradición de fe. Sus tropiezos y atrocidades me horrorizan, pero no la abandonaré, y menos aún a los mercachifles y rateros de la derecha. El mensaje del Nuevo Testamento fue un salto adelante en la historia de la humanidad, la primera religión que realmente puso la compasión en su centro y valoró a cada persona viva, y no es de extrañar que fuera, durante sus primeros siglos, una religión de mujeres y esclavos. Los cristianos siempre vuelven a caer en el pozo de juzgar y excluir a los demás: ha sido la maldición tanto del catolicismo como de las mil sectas divididas en el lado protestante. (A menudo se cuenta un chiste encantador en Escocia, de un hombre que naufragó, y cuando llegaron sus rescatadores, descubrieron que había construido dos iglesias. ¡Una para asistir y otra que evitar por principio!) Pero los escritores cristianos reflexivos, como Richard Rohr , son muy claros. No hay enfrentamientos en el reino de los cielos. Nadie es expulsado. Si te sientes intolerante con alguien, mira hacia adentro.

Una existencia bien vivida es una vida comunitaria, y la fe es una comunidad que sospecho que todos necesitamos si queremos ser verdaderamente libres.

Pero si la caminata por el monte funciona igual de bien para ti, camina. Utilizamos la palabra «recreación» con mucha ligereza, así que detente por un momento y piensa lo que realmente significa. Recrearte permite tanto la restauración como un nuevo comienzo cada vez que lo haces, un nuevo tú.

La clave es hacerlo sagrado. Simplemente permitir que lo que estás haciendo tenga esa intención, esa conciencia. Cuando se hace de manera conscientemente abierta y receptiva, cada una de las actividades de nuestra lista funcionará. La práctica espiritual regular es práctica, tan real como el dinero en el banco. Estás construyendo un almacén, una reserva que luego puedes utilizar contra los miedos, el sufrimiento, los desafíos morales, la debilidad o la discapacidad, todas las cosas que plagan y disminuyen nuestras vidas, y enfrentarte a ellas con un brillo en los ojos. Todo lo que debes hacer es decir: «Además de comida y refugio, ejercicio, risas y amor, mi lado espiritual también necesita ser alimentado y regado». Las personas que lo hacen descubren que su vida se transforma, al principio suavemente, pero luego por completo. Y eso significa la mayor diferencia.

El lugar que abres

Hay un puñado de libros que he mantenido conmigo, a pesar de mis muchas mudanzas y viajes, de los que nunca querría separarme. Un número sorprendente de estos son libros sobre viajes en la naturaleza: *Una temporada en Tinker Creek* de Annie Dillard; *Totem lobo* de Jiang Rong, sobre la vida de exiliado entre los pastores de Mongolia; *La montaña viva* de Nan Shepherd; la asombrosa novela de Brian Carter *A Black Fox Running*; casi toda la obra de Robert MacFarlane... Pero la más memorable de todas es *El leopardo de las nieves* de Peter Matthiessen. Este libro se acerca más a un diario de viaje perfecto porque comprende que todo viaje que emprendemos es tanto por fuera como por dentro. La palabra a la que las reseñas vuelven una y otra vez es «luminoso».

El autor de *El leopardo de las nieves* no siempre fue una persona espiritual, o incluso, sospecho, especialmente simpática. Uno tiene la impresión de que su yo más joven era arrogante y bastante gruñón, tal vez incluso atormentado. Pero tenía una especie de honestidad que le resultaba muy útil. Y como es muy difícil escribir bien sobre espiritualidad, voy a contar su historia aquí en un par de páginas, para que puedas aprender a través de su viaje.

Matthiessen acababa de conocer a la mujer que algún día sería su esposa (la escritora Deborah Love) y, cuando regresaba a Nueva York después de un viaje, se encontró con tres monjes zen esperando en la puerta de la casa de ella. Estaba (según su relato en *Nine-Headed Dragon River*) mayormente molesto, ¿quiénes eran esos personajes? En ese momento, él y Deborah tenían problemas y no se habían hablado durante varios meses. La sorprendente colisión con aquellos invitados inesperados fue todo torpeza e incomodidad, al menos por parte de la pareja, y más tarde él se enteró de que los dos monjes mayores, después de que él se hubo ido, habían «sacudido sus brillantes cabezas y suspirado "¡Pobre Deborah!"».

Pero Matthiessen era un hombre observador, y la impresión de los monjes lo golpeó tan profundamente que no podía dejar de pensar en ellos. Cuando escribió *El leopardo de las nieves*, no solo se había convertido en budista, sino también en uno de los mejores cronistas del mundo sobre la colisión del budismo y Occidente. Y llegó a millones de lectores.

Entonces, ¿qué vio en aquellos hombres diminutos, incluso en ese breve encuentro? Aquí están sus palabras:

«Hakuun Yasutani-roshi, de 84 años de edad, era una figura ligera y delgada con ojos hundidos y orejas redondas y prominentes; como sabría después, había pasado gran parte de esa mañana boca abajo, sobre su cabeza. Nakagawa Soen-roshi... delicado y alegre, completamente en paz y consciente al mismo tiempo, como una golondrina pausada, desprendía emanaciones de energía contenida que lo hacían parecer mucho más grande de lo que era. Incluso el joven que los escoltaba, Tai-san, con su rostro grueso y porte de samurái transmitía la misma impresión de poder contenido».

Matthiessen había notado algo que ciertamente se destaca en ciertos individuos. Se llama «presencia». Estos hombres, lejos de casa, en una calle de Long Island, de alguna manera estaban «intensamente allí». Sospecho que ese era su comportamiento normal al subir a un autobús o al ir al baño. Su mente estaba en su cuerpo, y su cuerpo estaba en el momento presente, y tenían la tranquilidad que proporciona un hábito tan largo. Para ellos, el término «fuera de su zona de confort» no existía. En cuestión de semanas, Matthiessen se inscribió para aprender meditación zen. La odiaba, lo que a menudo puede ser una señal prometedora. Eventualmente, cedió a un impulso salvaje y caminó a través de las montañas Carmel hasta el monasterio budista Tassajara, para capacitarse como monje.

Esta es nuestra primera lección sobre espiritualidad: se nota. Cambia a una persona tan fundamentalmente que casi cualquiera puede darse cuenta. Sabemos, a nivel animal, cuando alguien tiene su vida controlada. Nosotros también queremos ser así. Queremos algo de esa paz.

Llegar allí

Casi todas las tradiciones religiosas, antes de convertirse en una tendencia popular, en una institución, se basaban en personas que buscaban una experiencia mística directa. Tal vez deberíamos volver a esa idea. Jesús, Buda, Mahoma, los chamanes y místicos que abundaron en la historia humana, se enraizaron en contactar con lo divino y dejar que gobernara sus acciones en el mundo. Cualquiera de nosotros puede hacer prácticas espirituales, recordando que hasta un paseo por la playa es tan profundo como cualquiera, si comprendemos su verdadero propósito.

Matthiessen es autocrítico y humilde sobre todo el asunto. Sobre el zen, escribe, «hay poco que pueda decirse sensatamente al respecto sin sucumbir a esa prosa sin aliento y llena de misterio que lleva a tantos aspirantes sinceros en la otra dirección». Pero luego, en la misma oración, es muy claro. «Zen», explica, «es el despertar de la mente momento a momento». Nada más complejo que eso. Despertar.

En el prólogo de *Nine-Headed Dragon River*, lo vuelve a hacer, en palabras que se han quedado conmigo toda mi vida…

«El zen ha sido llamado la "religión antes de la religión", la frase evoca esa religión natural de nuestra infancia, cuando el cielo y una tierra esplendorosa eran uno. Pero pronto el ojo claro del niño se ve empañado por doctrinas y opiniones, ideas preconcebidas y abstracciones. Al simple ser libre se le incrusta la pesada armadura del ego. Hasta años más tarde no llega el instinto de que se ha retirado un sentido vital de misterio. El sol brilla entre los pinos, y el corazón se traspasa en un momento de belleza y dolor extraño, como un recuerdo del paraíso».

El corazón está perforado. (Una vez más, nuestro cuerpo nos está hablando. Es una punzada real, en el mismo centro de nuestra fuerza vital). ¿Alguna vez has sentido eso? A veces, en la adolescencia, sentía ese dolor y pensaba que era solo el borde de una soledad aterradora. En cierto modo lo era, pero también era un umbral. Si sientes que falta algo en tu vida, entonces debe de haber algo que extrañar. Ese momento de dolor es la puerta a una pertenencia en la Tierra que, con o sin compañía humana, es como una casa bulliciosa y amigable, donde los pájaros y los animales, las plantas y el cielo son tu familia perdida hace mucho tiempo, y te dan la bienvenida a casa.

Uno de mis propios hijos ahora adultos, afectado por un trastorno que le provoca dolor de por vida, que en otra persona podría haber llevado a la desesperación, la adicción o algo peor, responde desde su primera infancia a la presencia de pájaros en los arbustos al otro lado de la ventana, o a un águila volando sobre nuestra granja en la montaña. Sienten una calidez de parentesco real, como si los pájaros fueran alegres amigos. Muchas otras personas son así con los animales, y no hay que dar un gran paso desde ahí a sentirte como en casa con todos los seres vivos.

Las punzadas del anhelo inexplicable pueden ser aterradoras, por lo que podemos huir a la actividad aleatoria para evitarlas. Pero son simplemente una grieta en nuestra compostura, la armadura de nuestro ego; son algo que podemos y debemos «seguir». No puedo enfatizar lo suficiente lo importante que es notar los sentimientos evocados por un atisbo de playa, o por el contorno de un árbol a través de la niebla, o por unas nubes distantes moviéndose rápidamente en un cielo nocturno. O un impulso repentino de crear música o arte, o escribir. Esos sentimientos son tu propia alma diciendo: «Sígueme, descúbrete».

Matthiessen continúa:

«Después de ese día, en el fondo de cada respiración, hay un lugar hueco que está lleno de anhelo. Nos convertimos en buscadores sin saber que buscamos, y al principio anhelamos algo "más grande" que nosotros mismos, algo aparte y lejano. No es un regreso a la infancia, porque la infancia no es un estado verdaderamente iluminado. Sin embargo, buscar la verdadera naturaleza propia es, como dijo un maestro zen, "una forma de conducirte a tu hogar perdido hace mucho tiempo"».

Fíjate en que dice, «al principio». Poco a poco, nos damos cuenta de que lo que buscamos está mucho más cerca. Estuvo justo a nuestro lado todo el tiempo.

Así que aquí está nuestra segunda lección sobre espiritualidad. Ya tienes las claves dentro de ti: sientes una inexplicable y muda sensación de anhelo, un dolor físico real, que podrías apresurarte a llenar con sexo, adicción o cualquier cantidad de elecciones de vida compulsivas, como el trabajo duro, el éxito... placeres de todo tipo. Y terminas donde empezaste, vacío de nuevo. En cambio, asiéntate con ese anhelo. Más allá del dolor, la soledad, el sentimiento de falta de propósito o sentido, está la verdad que es su imagen especular. Hay amor, hay significado, hay propósito, hay paz. Tienes hambre de ello porque sabes que está ahí.

* * *

Para muchos de nosotros, el amor romántico es la forma que parece adoptar lo divino. Es un terreno muy complicado, ya que una persona joven puede confundir los dones del amor, esa alegría de adorar y ser adorado, la sensación de fundirse con otra persona y, por supuesto, el éxtasis sexual de hacer el amor, con la idea de que ese hombre o esa mujer es la poseedora de nuestra felicidad. Primero deberíamos admirar a una persona joven, en un mundo que predica la impersonalidad y el uso de los demás como objetos, que sea tan abierta de corazón y esté dispuesta a dejar de lado sus límites estrictos. Pero como adultos, debemos tener claro que el amor es un portal a través del cual pasa una pareja, o un fuego que podemos encender juntos: nos ayudamos mutuamente a experimentar lo divino, pero no somos dioses o diosas los unos de los otros. Esa distinción es lo que hace que un matrimonio o una relación sea fuerte y crezca, ya que trabajamos con nuestros fallos humanos con compasión y resolución. Solo hay una indicación para que una estatua caiga de un pedestal. El secreto es no poner a nadie allí en primer lugar, o dejar que alguien más lo haga por ti.

Robert Bly señala esto en su acertadamente titulado *A Little Book of the Human Shadow*. Nosotros, los hombres, vislumbramos a una mujer a través de una habitación llena de gente y quedamos cautivados. Es más que solo deseo, es una sensación de que ella es una especie de diosa, la forma en que habla, sacude la cabeza, es hechizante, pero también hay algo trascendente en ello. «Nunca hagas un seguimiento de esto», advierte. «Ella es tu propia divinidad femenina interior, y ninguna mujer real debería cargar con el peso de esa expectativa». Poner esa proyección en una mujer real, humana y falible solo la lastimará a ella y te lastimará a ti. Ve a la playa una semana tú solo, te aconseja. Camina por la montaña. Toma un cuaderno y comienza a escribir. Sumérgete en ti mismo. Una parte de ti necesita atención, ha sido descuidada e incluso podría estar muriendo. Pero su perfume aparece ahí de repente, y debes seguirlo hasta el final. No se trata de anhelar un alma gemela humana. No existe tal cosa. Podéis ser amigos maravillosos, pero solo podéis ser la pareja de vuestra propia alma. Se trata de encontrar tu yo perdido.

Así pues, querido lector, volveremos sobre esto muchas veces. Pero, solo por un momento, deja que tu corazón se suavice y sufra el anhelo de todos los anhelos. El de tu hogar perdido hace mucho tiempo. Considera cómo eso podría merecer algo de tiempo y atención sin esfuerzo, para que no se te escape. Porque es un lugar que, una vez encontrado, se puede vivir en él cada vez más y sentirte a gusto en el mundo y en la vida. En tu propia piel. No es fácil, pero es notablemente simple. Y la manera de llegar a este lugar es simplemente dejar de apresurarse y esperar a que llegue. Estar aquí, ahora.

Cómo está hecho

Ni Peter Matthiessen ni yo querríamos convertirte en zen o adscribirte a cualquier otra metodología específica. Hay una manera para todos los gustos. Los padres y madres del desierto del cristianismo, y sus místicos medievales como Teresa de Ávila o Julian de Norwich, conocían este camino, así como los sufíes en el Islam, los místicos judíos y los chamanes en todos los lugares y tiempos a lo largo de la larga prehistoria del mundo. Cada clan o tribu indígena tenía sus jóvenes guerreros, temerarios y rimbombantes, controlados y dirigidos por un hombre o una mujer sabios, un Gandalf y su Boromir. Incluso puedes ser un místico ateo, si eso es lo que más te conviene.

El método real, así como la meta, de cada camino espiritual, incluso si nos avergonzamos de esa misma palabra, es siempre el mismo. Estar presente. Matthiessen escribe: «Practicar Zen significa darse cuenta de la propia existencia momento tras momento, en lugar de dejar que la vida se deshaga en arrepentimiento por el pasado y soñar despierto con el futuro». Así que aquí está nuestro tercer mensaje: ten cuidado con la afectación religiosa de cualquier tipo, porque en el fondo todas comparten el mismo destino: una pérdida de la propia separación en el corazón mismo de la vida.

La religión, escribe Matthiessen, «después de todo es solo otra idea que debe descartarse, como "iluminación", y como "Buda" y como "Dios"».

Perder la separación de uno resuelve toda agonía humana. ¿Qué es el suicidio sino la soledad más desesperada? ¿Qué es la violencia sino el más terrible anhelo de encontrar la paz? Sufrimos porque nos sentimos ajenos a la vida. Sin embargo, la liberación siempre está ahí. Conmocionado por lo que veo en la televisión o en mi muro de Facebook, salgo a mi jardín y quitó las malas hierbas que rodean a los rábanos. Puedo sentir la paz que fluye del suelo. Mi cerebro comienza a dar forma a una respuesta.

El miedo a dejar ir

No creas que esta fusión o rendición significa quitarte algo de lo que eres. Estamos aquí como nosotros mismos, y nuestra individualidad, nuestro discernimiento, nuestra manera única de pensar, nuestros talentos y nuestra contribución, nuestro dolor y las lecciones que hemos aprendido a un coste tan alto deben celebrarse. Estamos aquí para bailar nuestra propia danza. Pero al mismo tiempo, somos como tallos de hierba, inclinándonos al viento, y la belleza y la rectitud provienen de hacerlo en armonía con todos los demás seres únicos, especiales, vivos y no vivos en el universo rotatorio. Aquí está nuestro cuarto mensaje entonces, y el último. Estás separado y no lo estás. Ambas cosas son ciertas, pero solo en diferentes niveles de tu mansión de cuatro plantas. Cada río, cada afluente, cada diminuto arroyo es tan distintivo que el salmón puede olerlo a través de mil kilómetros de océano. Pero un río seguramente siente alegría de estar de vuelta en el mar.

Estar presente de esta manera no significa estar «quieto» en el sentido de cabeza vacía y pasivo. El centro de quietud es un lugar dinámico, es donde nace la creatividad, las buenas ideas, el coraje, la salud y la inventiva, pero vienen con una entereza y adecuación que las hace funcionar. A veces casi sin esfuerzo. De estar presente viene el amor por todos nuestros semejantes y la acción para cuidarlos.

John O'Donohue, sacerdote católico y poeta, dice que no existe el «viaje» espiritual, y habla de una manera un tanto mordaz de los programas o currículos espirituales. El viaje a la iluminación, sonríe, tiene medio centímetro de largo. De hecho, es tan fino como el papel de arroz. Solo tienes que dejar que entre la luz. La respuesta es clara: tu paz siempre ha estado aquí.

* * *

El zen es una ruta de campo de entrenamiento hacia la montaña espiritual, lo que podría atraer a algunos. Pero, para mí, el camino enseñado por el monje vietnamita Thich Nhat Hanh es más compatible con la vida diaria que llevamos la mayoría: paternidad, trabajo, tareas domésticas, matrimonio, acción en el mundo.

Hanh era un monje budista joven, comprometido y activista en Vietnam del Sur durante los peores años de la guerra de Vietnam. Reclutó a miles de jóvenes para reparar los daños de esa guerra en pueblos y ciudades, construyendo clínicas médicas y reuniendo al personal, y oponiéndose silenciosamente a la violencia de ambos bandos. A menudo, sus compatriotas eran asesinados y finalmente tuvo que huir del país. Llegó a Occidente en 1976. Fue Hanh quien persuadió a Martin Luther King para que hablara en contra de la guerra de Vietnam, un gran riesgo táctico para su trabajo por los derechos civiles, y King lo nominó para el Premio Nobel. El escritor Thomas Merton y él eran amigos cercanos. Hombre de apariencia tímida, con una voz casi como un susurro, Hanh era fuerte de una manera que apenas entendemos. Él sumó. Obtuvo resultados.

Cada río, cada afluente, cada diminuto arroyo es tan distintivo que el salmón puede olerlo a través de mil kilómetros de océano. Pero un río seguramente siente alegría de estar de vuelta en el mar.

Por lo tanto, por favor, sé absolutamente claro: la meditación no consiste en retirarse del mundo, y no es incompatible con ser una presencia muy poderosa. De hecho, es lo que te permite ser tan eficaz y tan incansable. Significa especialmente que no tienes animosidad, no divides, sino que siempre buscas ganarte a los demás con tu apertura.

MEDITACIÓN: UNA GUÍA SENCILLA

Darren tiene sesenta y nueve años, pero todavía goza de ese aspecto esbelto y en forma propio de un soldado, aunque no lo es desde hace cuarenta y cinco años. Está sentado con las piernas cruzadas, las manos apoyadas en los muslos y la espalda recta. Tiene los ojos cerrados y su rostro de arrugas profundas está relajado.

No siempre fue así; después de regresar de Vietnam, bebía tanto que su primer matrimonio acabó en desastre y estuvo sin hogar durante un tiempo. Se estabilizó un poco y volvió a casarse, luego volvió a empeorar; tenía tendencias suicidas y entraba y salía de instituciones psiquiátricas. Su segunda esposa y sus tres hijastros lo apoyaron, y los psicólogos y una extensa variedad de medicamentos lo ayudaron a sobrellevar la situación, pero solo durante un breve periodo. Entonces, un día, el grupo de veteranos a los que pertenecía asistió a un curso de meditación. Aquello no significó una cura repentina, pero fue una ayuda evidente, y ese efecto fue acumulativo. El yoga activo, combinado con herramientas mentales para aliviar las pesadillas en su mente, lo atrajo a él y a sus compañeros a una forma de vida completamente diferente.

Todo el tiempo me encuentro con gente con este tipo de historia. Una madre joven con dolor de espalda crónico que me dice: «No podría vivir si no fuera por la meditación». Una adolescente que la practica para combatir la ansiedad intensa y que también ayuda a sus amigas a aprender a meditar. Niños de primaria que meditan en el aula y encuentran que es el mejor momento de su jornada escolar...

«Meditación» es una palabra que se escucha con tanta frecuencia que creemos saber lo que es, ¡incluso cuando decidimos que no es para nosotros! Ha pasado de ser una práctica de monjes en monasterios a una técnica muy extendida enseñada por psicólogos como tratamiento de primera línea.

En 1975, Herbert Benson, profesor de Medicina y cardiólogo, escribió un libro innovador, el primero que describía la meditación en términos simples para una audiencia occidental. Lo tituló *The Relaxation Response*, y tal vez ese sigue siendo el mejor término, porque enfatiza la meta. La respuesta de la relajación es un estado en el que entra tu cuerpo cuando tu cerebro, esencialmente, deja de agitarse.

Nuestros cerebros son cosas asombrosas. Son viajeros en el tiempo: no solo pueden recordar experiencias ocurridas hace muchos años, sino que también pueden imaginar posibilidades futuras con gran detalle. Es maravilloso, pero también un gran problema. Abandonado a sí mismo, tu cerebro divagará, tratando de discusiones ocurridas hace mucho, evitar desastres inminentes que tal vez nunca sucedan y enfadarse por cosas en las que no tiene ni voz ni voto.

El problema con esto es que las áreas emocionales de nuestro cerebro no pueden distinguir si algo es real o imaginario. Si simplemente te imaginas que chupas un limón, contraerás la boca. Si imaginas una discusión o un insulto de hace mucho tiempo, tu adrenalina fluirá y tu presión arterial aumentará. En resumen, tu mente de simio estresa tu cuerpo contándole historias de miedo casi todo el día. Eso puede mantenerte en modo de ansiedad permanente.

La meditación es el método que idearon personas muy sabias para que tu mente deje de molestar a tu cuerpo. Incluso los pensamientos felices conllevan un cierto grado de tensión y estrés, por lo que nunca podemos estar completamente tranquilos mientras seguimos pensando. En la meditación, le das a tu cerebro algo inofensivo que hacer, como darle a un niño un juguete para que se entretenga mientras pasas a toda velocidad por delante de la heladería.

Se ha creado demasiado misterio en torno a la meditación, como ocurre con todas las cosas espirituales. Si te sentaras en un lugar cálido bajo el sol a contemplar un jardín o unas vistas al mar, o incluso junto a la chimenea en casa, eventualmente dejarías de pensar y comenzarías a calmarte. Olvidarías viejas discusiones, dejarías de lado los miedos al futuro y la paz te encontraría. La meditación es simplemente un truco para llegar a eso de inmediato. Por supuesto, una vez has empezado, se convierte en un viaje a lugares muy profundos y trae momentos, al menos, de la pérdida completa de uno mismo y una fusión amorosa con el mundo que supera todo ego y todo miedo.

La mejor manera y la más fácil, que se enseña en todo el mundo, consiste simplemente en sentarse en un lugar cómodo y contar tus respiraciones, inhalas y exhalas mientras prestas atención a cómo sientes tu respiración mientras lo haces. Necesitas una actitud amable pero paciente, ya que te despistarás en cuestión de segundos, por lo que solo deberás comenzar de nuevo en silencio. ¡Eso es todo!

Una vez que adquieres la habilidad, la respuesta de relajación simplemente llega a tu cuerpo en cuestión de uno o dos minutos. Experimentarás un hermoso ablandamiento de tus músculos y una caída de las preocupaciones e inquietudes externas. La respiración se convertirá en una especie de cosa sensual, fluyendo en ondas, arriba y abajo de tu torso. Una vez que llegue, disfrútala todo el tiempo que puedas.

Lo que sucede es que tu mente y tu cuerpo están entrando en un reinicio y, a medida que transcurre el día, el efecto se mantendrá y mejorará lo que sucede. El efecto puede durar media hora, ir y venir o durar todo el día. La meditación llena tu tanque de relajación, lista para ser utilizada más tarde. Lo importante es cómo cambia el resto de tu día. Todos perdemos ese estado en un momento dado, pero puedes hacer meditaciones «puntuales» durante el día para restaurarlo. ¡Atrapado en un semáforo, esperando en un banco, escuchando a un amigo aburrido! La respuesta de relajación es como una mariposa a la que atraes para que se pose en tu hombro; no puedes obligarla, pero si le ofreces quietud, aterrizará en ti.

Así es como lo hago yo. (Y yo podría parecer un caso perdido porque tengo una mente muy nerviosa, así que, si yo puedo hacerlo, entonces tú también puedes).

Me siento en algún lugar tranquilo: en un banco del jardín trasero de mi casa o, si hace frío, en una alfombra junto a la ventana por donde los primeros rayos del sol entran en mi casa. Puede ser un sillón en una habitación de hotel, o en cualquier lugar, en realidad. Mantener la espalda recta ayuda. Si puedes sentarte con las piernas cruzadas en un cojín, probablemente sea ideal, porque eso le dice a tu cuerpo: «Ahora estoy meditando». En esa posición, es posible balancearse un poco adelante y atrás y de lado a lado; es calmante y te vuelve más consciente de tu cuerpo.

Una vez en el lugar, ejecuto una pequeña secuencia para ayudarme a «llegar». Escucho los sonidos lejanos: el canto de los pájaros, o una cortadora de césped, o el tráfico en la distancia. Solo le doy unos segundos de atención a cada uno de esos sonidos, luego sigo adelante. Después, presto atención a algunos sonidos más cercanos, tal vez el zumbido de una nevera o el viento contra el alero de la casa. Entonces me acercó más, hasta llegar a mi cuerpo.

Eric Harrison, quien en sus libros y sus enseñanzas adora hacer las cosas simples y no místicas, sugiere soltar dos o tres suspiros profundos y largos. (Sin embargo, hazles saber a las personas que haya en tu casa que eso es lo que estás haciendo, ¡o podrían pensar que estás clínicamente deprimido! Eso parece indicarle a tu cuerpo que puedes comenzar tu viaje de calma. También es un poco divertido, así que ni duele ni molesta. Algunas personas emiten el sonido «om» tres veces, lo cual es bueno porque hace que tu cerebro vibre un poco.

Luego llega la meditación propiamente dicha. Empiezas a contar tus respiraciones. Una. Dos... Solo respira normalmente, y cuando llegues a tres, comienza de nuevo.

La mayoría de los libros sugieren contar hasta diez o cincuenta, y durante años me sentí terriblemente incapaz porque, al contar hasta dos, mi mente ya había comenzado a desviarse. Se lo conté a Eric y él sonrió y me dijo: «¿Sabes qué? ¡Durante diez años nunca pude pasar del seis!»

Así que apunto a tres. Lo bueno es que no importa. La meditación no tiene nada que ver con el logro o con castigarte a ti mismo. La única actitud que debes tomar es una de serena amabilidad hacia ti mismo. Bueno, te has embarcado en una fantasía sexual salvaje durante tres minutos, está bien. Lo bueno es que te has dado cuenta. Nunca te preocupes por eso, simplemente comienza de nuevo con cuidado. Hay un truco que realmente ayuda: a medida que prestas atención con detalle a los músculos que inhalan y exhalan, notarás el punto en el que cambias de exhalar a inhalar, y eso es algo bastante sutil. Tu pecho y tu vientre tienen su propio tipo de secuencia para cambiar la dirección de la respiración. Darte cuenta de eso capta tu atención y te quedas cada vez más en el momento.

Tu mente saltará, pero tu ser más profundo, el latido de tu corazón y cosas más sutiles como la presión arterial y la respuesta inmune, comenzarán a estabilizarse y a relajarse. La respuesta de relajación, cuando se activa, es exactamente eso: tu respiración se vuelve realmente suave, ondulante y profunda; te sientes cálido y en paz; te sientes como si estuvieras siendo mecido en los brazos de un padre amoroso. Vale, me estoy extendiendo un poco, pero confía en mí, es agradable. Ese es el lugar al que te diriges. Incluso experimentarlo unos pocos segundos es algo bueno. El objetivo de la meditación no es la meditación en sí, sino los efectos de la misma para mejorar el resto de tu día. Y tiende a durar más a medida que te vuelves más consciente. Hará que tus reacciones sean menos nerviosas o apresuradas. Un efecto que realmente me encanta y encuentro muy útil es que parece ralentizar el tiempo, de modo que tendrás más para considerar tus palabras, notar tus reacciones internas y un periodo donde podrás elegir lo que haces o dices. Interpondrá una ligera distancia entre tú y los dramas y trivialidades que haya a tu alrededor. Serás más tolerante y amable contigo mismo y con los demás. La cuestión es que ese es tu estado natural, ese eres tú sin el estrés. Es simplemente que, en la vida moderna, vamos acelerados casi todo el tiempo, y hemos llegado a pensar que así es como debe ser. La meditación es volver a como se supone que funcionan nuestros cuerpos y cerebros.

Hay una cosa más: la habilidad crece. A cada segundo que practicas, estás construyendo las vías neuroplásticas para estar presente. Se harán más fuertes. Incluso notarás el tacto de tu mano en el pomo de la puerta cuando salgas de casa, o el calor del agua jabonosa en el fregadero, entrenarás tu cerebro en el presente. Siempre vale la pena hacerlo.

La meditación se convertirá en tu amiga, y en un remedio para todo lo que la vida te depare. Será una especie de *ju-jitsu* mental para lanzar el dolor y las dificultades por encima del hombro y quedarte feliz y en paz.

Casi todos los que comienzan a meditar notan algo perturbador; su cerebro se comporta como un mono trastornado, corriendo hacia el bosque de viejos arrepentimientos o discusiones, a los matorrales de recuerdos, buenos y malos, o saltando sobre los acantilados de las preocupaciones futuras. O peor aún, solo irá de compras y pensará en qué cocinar para la cena. O lo que alguien dijo en Facebook. No es que la meditación esté causando tanta agitación, ¡sino que de repente simplemente has abierto una ventana a lo que tu cerebro hace todo el tiempo!

Ninguno de estos saltos mentales nos sirve de ayuda, ni para nuestra tranquilidad ni, lo que es igual de importante, para nuestra eficacia. Y ciertamente no nos trae alegría. La única alegría que tenemos es ahora. Y el único amor que tenemos es ahora. (De hecho, la definición misma de amor, cómo sabes que existe, cómo lo sientes, es cuando tienes la atención absoluta de alguien). Y finalmente, el único impacto que tenemos es ahora. Así que debemos hacer que cuente.

Es posible que tú, querido lector, tengas una familia que cuidar y que necesita que seas organizado y que la atiendas en casi todo momento. Es posible que tengas un trabajo que exija mucho de ti. Es posible que lidies con cosas difíciles en tu vida personal que te preocupan y que te asaltan. Hablar de vivir en el momento presente suena tan útil como aconsejarte que te tomes un mes libre en una isla desierta.

Pero es útil incluso solo mordisquear los bordes de esta idea. Por un lado, ¿has notado que últimamente cometes errores a veces: pierdes las llaves, te cortas mientras cocinas, tropiezas o te resbalas y te lastimas, abollas el coche, olvidas algo importante que te interrumpe el día entero? Peor aún, ¿que tus interacciones con personas importantes (hijos, pareja, parientes, socios comerciales) son cada vez más complicadas y no van bien? Estar aquí y ahora no es solo un sueño. Se trata de hacer las cosas bien, atendiéndolas realmente bien. Ayudar a un hijo con cinco minutos de atención absoluta podría evitar que tarde meses en recuperarse de haber tomado una mala decisión.

El presente es un lugar realmente importante. Puedes estar presente incluso en el cuerpo a cuerpo de la vida, como un samurái en combate. Absolutamente allí, absolutamente concentrado, absoluta y paradójicamente tranquilo. Ejecutando la acción correcta, en el segundo correcto. Te has encontrado con esto: el médico que se toma su tiempo contigo y resuelve exactamente lo que te pasa; el amante que es pura atención, gentil y profundamente conectado contigo.... Has estado en esa situación, pero no muy a menudo.

Aprende a estar presente y tu vida funcionará. No te desesperes por lo difícil que pueda parecer porque simplemente nunca te han mostrado cómo hacerlo. La capacidad de sentir todos tus sentidos y estar plenamente aquí es como un músculo que puedes ejercitar y fortalecer, un camino neural que puedes ampliar y hacer crecer. Hazlo la mayor parte del tiempo y te resultará más fácil. La presencia es un atributo distintivo que siempre se ha reconocido («ella tiene mucha presencia»), y es una idea tan antigua como el tiempo. Los demás comenzarán a notarlo en ti. Encontrarás relaciones más vivas, trabajos más fáciles de hacer, cometerás menos errores. Si estás buscando una pareja, descubrirás que las parejas potenciales se sienten mucho más atraídas por ti. No hay nada más *sexy* o atractivo que tener toda la atención de alguien. ¡Así que espero que esto se haya ganado la tuya!

El camino en tu cerebro desde la distracción hasta la conciencia se puede practicar en casi cualquier lugar. Esa sensación de calma es como llevar el motor al ralentí, como copos de nieve cayendo dentro de tu cuerpo, como si todos tus músculos se soltaran. La vida nos acelera y sube y sube. Debemos bajar de nuevo tan pronto como se presente la oportunidad.

Thich Nhat Hanh recomienda comenzar con la construcción de la conciencia presente, la atención plena, en pequeñas tareas. Sugiere que consideres esas tareas como rituales diarios, haciéndolas habituales y refrescantes en el transcurso de tu día. Lavar los platos. Cepillarte los dientes. Secarte después de la ducha. Simplemente presta atención a los sentidos, a la calidez del agua, a la suavidad del jabón, a la textura de tu toalla y, si puedes, sécate con más ternura, despacio, con dedicación. Estos momentos robados al tumulto y a las prisas que te rodean (en las que la cultura consumista quiere que sigas participando) se convierten en pequeños refugios valiosos que expandes gradualmente para liberar toda tu vida.

La mansión de cuatro plantas siempre te ayudará a superar los momentos más difíciles, los momentos aburridos, los momentos confusos. La regla principal es descender primero a la planta baja. Observa los detalles sensoriales, tanto fuera de ti en lo que estás tocando, viendo y escuchando, como en tu interior, los pequeños hormigueos, los dolores y las distensiones, las acciones musculares y las respuestas de la piel. Hazlo de manera casual, cuando lo recuerdes y solo por un momento o dos. Es entonces cuando notarás lo que necesitas cambiar o reajustar. El tiempo suficiente para notar que ese momento es único, que esta vez que echas el pestillo de la puerta o te detienes en un semáforo no es como cualquier otra. Ni siquiera eres el mismo tú, cada vez eres diferente.

Lo que haces cada vez que regresas al presente es generar un cambio neuronal. La espiritualidad es como un músculo que puedes fortalecer. Construyes gradualmente una superautopista en tu propio cerebro neuroplástico, te alejas de la distracción de la locura del simio para estar presente. Hasta que te conviertes en naturaleza primordial. Por supuesto, ve a retiros de meditación, recorre el Camino de Santiago si quieres, aún se trata de eso: saber estar aquí.

Y en cuanto a la actitud, prueba la gratitud. Has comido bien y tienes agua caliente para lavarte. ¡Tienes tus propios dientes! (¿Recuerdas esos anuncios clasificados? «Hombre, 61 años, busca mujer con fines matrimoniales, dientes propios». ¡No estaba del todo claro si se refería a sí mismo o a su pretendiente!). Estás a salvo, tu cama está caliente. Fíjate en eso y demuestra agradecimiento. Gracias, habitación de hotel limpia. Gracias, avión que ha aterrizado con seguridad. Gracias, vieja tetera familiar. Gracias, ventana de la cocina que deja entrar la luz del sol.

Al convertir las cosas que debes hacer de todos modos en un ritual por el que volver al momento presente, se desencadena una avalancha: quieres estar ahí todo el tiempo. Pronto te vuelves intolerante con la vida a medias, apresurada y discordante, que solía ser tu existencia. Simplemente no quieres vivir así nunca más.

También te tomarás a ti mismo más a la ligera. El muy querido poeta canadiense Alden Nowlan enfermó gravemente a los cuarenta años, y después de meses de tratamiento infructuoso, cuando su vida estaba al borde del final, se sintió atraído por el océano. Así que se fue a vivir en una cabaña junto a la orilla. Todos los días pasaba horas contemplando el agua y las islas distantes, y las nubes y los pájaros que iban y venían. Le hacía sentir, dijo, que todo era eterno, y que en realidad él no importaba tanto, y ese pensamiento le trajo mucha paz. Y luego se curó.

CÓMO SABER QUE ALGO SALDRÁ MAL

Hice un descubrimiento notable hace un par de años (soy un aprendiz lento). Cada vez, literalmente cada vez que hago algo que quiero «terminar de una vez», porque es aburrido, porque tengo prisa, porque tengo que hacerlo antes de que pueda continuar con cosas más importantes o agradables, me pasa lo mismo ¡Sale mal! A veces de manera leve pero enloquecedoramente mal. A veces se me cae la llave inglesa en el motor del coche. O tomo la peor ruta y con más tráfico para llegar al hospital... Cuando realizas una tarea, pero desearías que ya estuviera terminada incluso antes de comenzar, puedes confiar en que te ocupará más tiempo o que tendrás que volver a hacerla.

Dado que el 80% de la vida consiste en hacer cosas que podríamos llamar aburridas, improductivas o triviales (pero que simplemente tienen que hacerse), cada día está lleno de oportunidades para «complicaciones por falta de atención». ¡No me detuve a quitarme el suéter porque me retrasaría la tarea de cavar en un trozo de jardín! Estaba tan «no allí» que no me daba cuenta de que estaba pasando un calor horrible. Pero me daba cuenta de lo mucho que odiaba cavar en la tierra del jardín. Este es el tipo de locura en la que ningún otro animal se metería jamás. Un cuento budista habla de un hombre al lado de un sendero del bosque, sudando y tratando ruidosamente de cortar un árbol. Sin embargo, el filo de su hacha está tan desafilado que solo rebota. Un paseante preocupado lo ve y se lo señala. «No tengo tiempo para eso», explota el hombre. «¡Vete de aquí!». (En cierto sentido, todo este libro podría resumirse en solo cuatro palabras: «Primero, afila tu hacha»).

Estoy seguro, querido lector, de que nunca necesitarás este consejo, pero a mí me ayuda cuando quiero terminar un trabajo, porque me doy cuenta de que, por lo general, no afilar el hacha hace que lo que quiero hacer me salga mal. La clave es cambiar de marcha y hacer el trabajo con placer y cuidado. El destino es la tumba, no tengas prisa en llegar.

Aprender a ser fuerte

Debes darte cuenta de que la espiritualidad es difícil. No es para cobardes. La gente solía vivir en las islas del Atlántico en chozas de piedra para perseguirla. Jesús elaboró su destino mientras moría de hambre en el desierto abrasador. (Y cuando llegó el momento, caminó hacia su propia aniquilación, enfrentándose al poder económico de Roma y a la traición espiritual del sacerdocio). Gandhi, Martin Luther King, Dietrich Bonhoeffer y Sophie Scholl, y millones de líderes anónimos por el cambio como ellos, sabían que su espiritualidad los pondría en un peligro inmenso. Este era también el espíritu del mundialmente famoso «hombre del tanque» que fue fotografiado bloqueando una columna de enormes tanques en la Plaza de Tiananmén, en el momento de la terrible masacre allí cometida. Es posible que nunca se sepa su identidad y su destino, pero decidió que algo importaba más que su propia vida. Debe de haber sido un sentimiento glorioso.

La espiritualidad es dura porque te prepara para la dureza de la vida, que inevitablemente llegará. Lee este poema de Jeff Foster:

Lo perderás todo.

Tu dinero, tu poder, tu fama, tu éxito, quizá incluso tu memoria.

Tu mirada se irá. Los seres queridos morirán.

Tu propio cuerpo se desmoronará al final.

Todo lo que parece permanente es absolutamente impermanente y será aplastado.

La experiencia te despojará gradualmente, o no tan gradualmente, de todo lo que te puede despojar.

Despertar significa enfrentarte a esta realidad con los ojos abiertos y a no dar la espalda.

En este momento, estamos en terreno sagrado y santo.

Porque lo que se perderá aún no se ha perdido, y darse cuenta de esto es la clave del gozo inefable.

Quienquiera o lo que sea que esté en tu vida en este momento aún no te ha sido arrebatado.

Eso puede sonar obvio, pero saberlo es realmente la clave de todo, el porqué, el cómo y el para qué de la existencia.

La impermanencia ya ha hecho que todo y todos los que te rodean sean profundamente santos y significativos y dignos de tu desgarradora gratitud.

La pérdida ya ha transfigurado tu vida en un altar.

La espiritualidad que no conduce a la acción en el mundo es en realidad una falsa ilusión. Los que hacen y reparten bocadillos en zonas de desastre están más cerca del nirvana, aunque nunca hayan entonado un «om» en sus vidas.

¿Puedes oír/ver/sentir lo que dice? Prepárate para perder todo lo que amas. Eso es lo que hace la vida. Pero luego haz algo con ese conocimiento. Medita en la proximidad, cada segundo, de la pérdida, la destrucción y la muerte de todo lo que te importa, y el resultado vendrá solo. No tendrás que fingir. Una intensificación de tu sentido de valor emocional, de la sacralidad de lo que ahora te rodea: tu cónyuge imperfecto, tus hijos que tienen dificultades, tu propia vida torpe y todo el mundo natural que gira alrededor y por encima de ti, todo se vuelve claro. Todo se vuelve luminoso y perfecto. No lo querrías de otra manera.

Solo una cosa más

Muchas personas cometen dos grandes errores acerca de la espiritualidad: piensan que es algo meramente personal y que su objetivo es trascender la vida ordinaria. Eso es un terrible malentendido, y conduce a monjes en templos dorados rodeados de pobreza e injusticia.

La dicha personal es un subproducto, pero no es la meta de la espiritualidad. De hecho, es todo lo contrario. Metes tus raíces profundamente en el suelo por una sola razón: para que puedas alcanzar tus ramas y resistir las tormentas. Y así cobijas la vida a tu alrededor, junto a ti. Los árboles, como ahora sabemos, son protectores de vida para el resto del ecosistema. ¡Qué genial es ser una persona de tipo árbol! (En lugar de solo repollo).

Saber que eres parte de todo significa que te preocupas por todo. Si en algún lugar del mundo un niño sufre agonía y terror, entonces nunca podrás estar en paz. Estás unificado, estás en una calma trascendente atemporal, pero no dejas de preocuparte. Sigues buscando maneras de hacer el bien en el mundo. La espiritualidad que no conduce a la acción es en realidad falsa, una mera ilusión. Y aquellos que hacen y reparten bocadillos en zonas de desastre están más avanzados en su camino hacia Dios, aunque nunca hayan entonado un «om» en toda su vida.

La cuarta planta se abre al cielo, pero no puede evitar que pongas en perspectiva tus preocupaciones más pequeñas. Y al hacerlo te libera para tomar enormes riesgos, hacer sacrificios, ser extraordinariamente valiente. Así como el advenimiento de la paternidad convierte a la madre o al padre más tranquilo en una bestia feroz en defensa de su hijo, la hermandad con el universo vivo puede liberar las energías y los poderes más notables. Quizá los humanos podamos dejar de ser animales de engorde y finalmente ser algo más magnífico. Tal vez podamos llegar a ser, por fin, plenamente humanos.

EJERCICIOS DE REFLEXIÓN SOBRE LA ESPIRITUALIDAD UNO A CINCO

1. Antes de leer este libro, ¿habrías dicho que había una dimensión espiritual en tu vida?

2. Si has respondido que no, entonces, de la amplia lista de actividades que dimos al comienzo de este capítulo, ¿reconsiderarías ahora que de hecho puedes ser una persona que tiene prácticas espirituales como parte central de su vida y su bienestar?

3. ¿Cuándo o dónde sientes más el ablandamiento de tus límites habituales y una fusión gozosa con el universo más amplio? Este capítulo argumenta que la espiritualidad es la piedra angular o el sistema operativo profundo de nuestra mente humana; que, sin ella, simplemente no funcionamos.

4. ¿Has notado que un sentido espiritual cambia y sobrescribe tus otras prioridades o resuelve dificultades que ocurren en otros niveles de tu mente? ¿Y en tu vida?

5. ¿Alguna vez has vislumbrado una vitalidad en tu existencia que te gustaría tener todos los días?

La felicidad va y viene, pero la paz profunda se construye y se fortalece, y podemos trabajar en ello con dedicación.

9

SECCIÓN ESPECIAL
Ser plenamente humano

Hemos cubierto mucho terreno en este libro. Quizá demasiado. Discúlpame por eso, estaba desesperado por darte todo lo que pudiera ayudarte. Esta sección final del libro fusiona adecuadamente todo lo que hemos aprendido sobre el supersentido y la mansión de cuatro plantas para ayudarte a encontrar la libertad en la esclavitud de nuestro tiempo y construir una vida más sana y un mundo más saludable.

* * *

Empecemos haciéndote una pregunta sencilla: ¿qué haría falta para que seas feliz? Una forma de responder a esto sería terminar esta frase: solo seré realmente feliz cuando... Puede que tengas una sola respuesta, pero para muchas personas hay una lista completa. ¡Vale la pena escribir esa lista en algún momento y fijarte en qué sientes al ver la carrera que te has propuesto!

Las respuestas de la mayoría de las personas tenderán naturalmente a surgir de su etapa de la vida. Así que podrías encontrarlas diciendo:

... cuando encuentre una buena pareja y me case.

... cuando encuentre un trabajo decente.

... cuando escape de mi matrimonio infeliz.

... cuando la casa esté pagada y podamos tener unas vacaciones dignas.

... cuando mis hijos terminen la universidad.

... cuando pueda jubilarme y mi vida sea mía.

... cuando resolvamos el problema del cambio climático.

... ¡cuando gane la lotería!

Y algunos dependerán de circunstancias únicas:

... cuando mi hija deje de tomar drogas.

... cuando mi esposo salga de prisión y recupere su vida.

... cuando mi pareja se recupere completamente del cáncer por el que está siendo tratada.

Una vez que se hayan cumplido estas condiciones, nos decimos a nosotros mismos, por fin podremos respirar tranquilos y disfrutar de la vida. ¿Quién podría culpar a los padres de un niño gravemente enfermo por casi literalmente contener la respiración, sufrir una terrible preocupación y dolor, hasta que saben que su pequeño está bien de nuevo? Incluso con metas más cotidianas (encontrar el amor, acabar una carrera, tener seguridad financiera) a las que aspira casi todo el mundo, parece tener sentido que mantengamos nuestros esfuerzos enfocados en el objetivo.

Pero hay otra visión de todo esto. Hace mucho tiempo, mientras viajaba por Estados Unidos, en una pequeña librería de Colorado encontré una postal que aún hoy conservo conmigo. Es una foto tomada a través de la ventana abierta de una vieja cabaña, fuera se ven montañas escarpadas que solo pueden ser el Himalaya, y una pequeña planta con flores trepa por el marco de madera desnuda de la ventana. Y dice: «No hay camino a la felicidad. La felicidad es el camino».

¿La felicidad es el camino? Es una idea que tu supersentido capta en un segundo y tu lógica pone en duda al principio. Así que entremos en esa duda. Tengo amigos de África Occidental que nunca, en su cultura, se limitan a decir «adiós». Dicen: «Nos vemos de nuevo, si Dios quiere». Es tan automático, en ese lugar tenso y peligroso, hacer que todo sea condicional, no dar nada por sentado... Pero lo raro es que estos amigos son las personas más risueñas, exuberantes y desinhibidas que conozco. ¿Saben algo sobre cómo prosperar y seguir luchando? El racismo sistémico, la desigualdad, los desastres ambientales que se desarrollan a nivel mundial: todo hace que la vida de miles de millones de personas sea tensa y terrible. Necesitamos con urgencia enfrentarnos y luchar contra esas cosas. Pero, ¿y si la alegría es lo que nos definiera, incluso mientras hacemos eso? ¿Qué pasa si el carro realmente viene antes que el caballo? ¿Y si, de hecho, ese es el secreto mismo de poder seguir adelante?

La mayoría de los humanos a lo largo de la historia lo han entendido: la idea de retrasar la felicidad no es natural en los seres humanos. Se construyó sobre las versiones distorsionadas del cristianismo que surgieron en la época feudal, y es la idea de un cielo distante, retratado en el futuro, para que la servidumbre y la pobreza en el presente fueran toleradas. Un plan imposible.

Los filósofos y psicólogos contemporáneos ahora cuestionan seriamente la «búsqueda de la felicidad» como una meta que valga la pena, porque ahora reconocemos que está en la naturaleza de las emociones ser fugaces. La felicidad importa, pero no puedes atraparla; como una mariposa, vendrá y se posará en tu hombro. Es cuestión de gracia. Queremos algo más sólido y profundo, una satisfacción y un sentido de propósito que trascienda cómo van las cosas en este momento. ¿Quién quiere que su paz interior sea una montaña rusa?

Dietrich Bonhoeffer fue un joven pastor alemán en la Segunda Guerra Mundial, que escapó de los nazis y huyó a los Estados Unidos, pero se sintió tan mal por haber abandonado a sus compatriotas que regresó y organizó un movimiento de resistencia. Eventual e inevitablemente, fue arrestado y encarcelado, y solo unos días antes de que terminara la guerra, fue asesinado. En sus escritos y cartas queda muy claro que estaba en paz y se sentía profundamente «bien» sobre el rumbo que había tomado su vida. Él no estaba hecho de una materia diferente a la tuya o la mía, más bien se dio cuenta de algo. En el fondo, lo que de verdad queremos es estar «alineados». Tener todos los niveles de nuestra mansión de cuatro plantas apuntando en la misma dirección (nuestras acciones, nuestros sentimientos, nuestro pensamiento y nuestra lógica, todos apuntando en la misma dirección) nos brinda una profunda sensación de bienestar. Es el «camino»: la sensación de estar en el camino correcto. La felicidad va y viene, pero la paz profunda se construye y fortalece, y podemos trabajar en ello.

* * *

Durante millones de años nuestros antepasados no concibieron el progreso, no vieron la vida como una carrera ascendente sino como hermosa en sí misma.

Sabían que la vida era un círculo. La naturaleza misma lo enseña con mucha claridad: la primavera siempre sigue al invierno y el otoño al verano; el sol y la luna van y vienen; mueren ancianos, nacen bebés. Si me arrepiento de algo es que he pasado demasiado tiempo de mi vida acelerando hacia una meta imaginaria, preocupándome por falsas urgencias, y he perdido mucha felicidad y conexión en el camino. Ahora que soy anciano he dejado todo eso atrás. El miedo a la vejez, a la enfermedad y a la muerte me invaden, pero hoy me siento a ver jugar a los niños y los pájaros vuelan sobre mi cabeza. Mis árboles florecerán mucho después de que me haya ido. «La vida continúa» es algo bueno en sí mismo. Es más que suficiente. Es un éxtasis silencioso incluso ser fugazmente parte de ella.

LO QUE DICE LA INVESTIGACIÓN

La felicidad es ahora un campo importante de investigación en psicología. Y lo que han establecido los investigadores de la felicidad es que ser feliz o infeliz no está relacionado en absoluto con las circunstancias (una vez que se satisfacen las necesidades básicas). En realidad es un rasgo del carácter. En otras palabras, un hábito mental. Todos tenemos configuraciones predeterminadas de felicidad, y estas son notablemente impermeables a los hechos de nuestras vidas. Una persona cascarrabias que gana la lotería volverá a ser un cascarrabias en unas pocas horas. ¡Y es probable que se queje de los impuestos derivados! Una persona alegre puede encontrar su auto abollado en el aparcamiento y simplemente anotarlo como «cosas que pasan». Si su casa se incendia, estará bastante molesto durante un breve periodo (siguiendo nuestras pautas para dejar salir nuestros sentimientos), pero pronto empezará a reaccionar con auténtico optimismo y perspectiva.

Se dice que casarte te hará feliz durante una semana; un coche nuevo, un fin de semana. Un nuevo televisor, ordenador, refrigerador o sala de estar, un par de horas. ¡Luego vuelves a tu posición predeterminada!

Una vez más, pruébalo contrastándolo con tu experiencia. La mayoría conocemos a personas que sencillamente son felices. Nos encanta estar cerca de ellas. No fingen, no es un tipo de resplandor quebradizo que es todo fachada. No es silbar en la oscuridad. Son genuinamente optimistas y siempre intentan cosas, son ellos mismos, no se preocupan demasiado, no les importan las cosas que no importan. ¿Cómo lo consiguen?

Mi única hermana se llamaba Christine, era amable y amaba las cosas hechas a mano, los animales, los niños y estar en la naturaleza. Tuvo esclerosis múltiple desde los treinta años hasta que murió a los sesenta. Se las arregló para criar a dos hijos en una pequeña granja y vivió una vida notable, aunque solo con el apoyo de su comunidad y el sistema de salud bastante bueno y en su mayoría gratuito de Australia, y también tuvo suerte al elegir a su esposo. Sin embargo, su vida fue dura, y al final me dijo que estaba ansiosa por acabar con aquello y morir; se había cansado de estar tan discapacitada. Pero su comportamiento durante treinta años no fue en absoluto autocompasivo. Respondía honestamente sobre cómo estaba, pero pronto cambiaba el enfoque para preguntar cómo era tu vida, y era una oyente tan comprensiva que terminabas contándole todos tus problemas. Era así con casi todo el mundo. En algún momento del camino había elegido su escenario de felicidad, y era realmente optimista. Su vida fue, en consecuencia, un faro.

Una cultura fuera de los rieles

Cada uno tenemos historias únicas, y se necesita un cuidado individualizado para encontrar lo que nos ha hecho daño. Los conceptos erróneos y las autolimitaciones innecesarias que aprendimos en la infancia deben ser desarraigados para que finalmente podamos ser libres.

Pero no todos los conceptos erróneos y las limitaciones son personales. ¿Qué pasa si toda nuestra sociedad, la cultura que hemos construido durante cientos de años, tiene su propia neurosis incorporada, una «interpretación errónea» fundamental de las respuestas a la vida? Así que miles de millones de personas han sido conducidas por un camino equivocado, hacia un sufrimiento innecesario. Una cultura también puede quedar traumatizada y alejarse de la cordura y el equilibrio. Y la nuestra ciertamente lo ha hecho. El mayor engaño colectivo del mundo globalizado de hoy en día es una idea equivocada de cómo se puede encontrar la felicidad.

Aquí está la ilusión en cuatro sencillos pasos:

1. Hay un lugar llamado felicidad. ̇
2. Está en el futuro.
3. Si te apuras, si trabajas duro, si te adelantas a los demás, puedes llegar allí.
4. Vale la pena sacrificar casi todo en la vida para llegar a ese destino, porque, una vez que llegues allí, tus problemas habrán terminado.

Supongo que al menos el 75 % de las personas se suscriben a esta historia y tratan de vivirla toda su vida. Es el mito central de la civilización occidental. Y, por supuesto, está completamente equivocado.

Necesitamos desesperadamente cambiar esta mentira en la que se basa nuestra sociedad. Millones de personas trabajarán toda su vida haciendo cosas que odian y no haciendo cosas que realmente amarían, porque tienen un objetivo que es una gran cuenta bancaria, una casa elegante, un gran viaje alrededor del mundo o un retiro libre de ansiedad. O alguna combinación de todo eso. Y se pierden su presente.

Pocos han explicado tan bien este fenómeno como el incomparable maestro Alan Watts. Para la generación que creció en las décadas de 1950 y 1960, los libros de Watts proporcionaron el puente más accesible entre las filosofías de Oriente y Occidente. Y señaló una diferencia central entre las dos. En el antiguo Oriente (muy diferente a hoy), la vida no siempre fue vista como una línea, sino como un círculo. El confucianismo, el taoísmo y el budismo enfatizaron una vida de simplicidad, porque eso te hacía libre. Cuando el emperador escuchó rumores sobre un filósofo notable llamado Chuang Tzu, envió una delegación a miles de kilómetros para invitarlo al palacio imperial. Chuang Tzu escuchó a los enviados en silencio y cortésmente. Finalmente, habló, su voz casi un susurro. «He oído», dijo «que el emperador tiene una tortuga de doscientos años en una caja de madera». Y sonrió, y ahí acabó todo.

En una de sus charlas más populares, Alan Watts se propuso describir cómo funciona el universo, que es un conocimiento esencial si queremos vivir en él con éxito. Su voz es como esas de la BBC English, resonante y profunda, pero burlona, amablemente...

> La existencia, el universo físico, es básicamente un juego. No hay necesidad de él en absoluto.
> No va a ninguna parte.
> No tiene un destino al que debería llegar. Se entiende mejor por analogía con la música.
> Porque la música, como forma de arte, es esencialmente lúdica.
> Decimos que tocas el piano, no que trabajas el piano.
> ¿Por qué? Bueno, la música difiere de, digamos, viajar. Cuando viajas, tratas de llegar a alguna parte.
> En música, sin embargo, uno no hace del final de la composición el objetivo de la composición.
> Si fuera así, ¡los mejores directores serían los que tocaran más rápido! (Risas).
> ¡Y habría compositores que solo escribieron finales!
> La gente iría a un concierto solo para escuchar un acorde resonante... ¡Porque ese sería el final!
> Lo mismo ocurre con el baile. No apuntas a un lugar en particular de la habitación porque ahí es donde llegarás. El punto central del baile es el baile.

Llegados a este punto de la conferencia de Watts, uno fácilmente podría irse a deambular por algún lugar tranquilo solo para pensar en las siguientes preguntas. ¿Qué significa esto para mi vida? ¿Me he olvidado de jugar, de bailar? ¿Y dice que toda la vida debería ser como un baile, sin un punto final en mente? ¿O es solo un mensaje para divertirse más? (Para que pueda volver al trabajo renovado). Por supuesto, el baile tiene un objetivo: tiene belleza y movimiento, y se hace en armonía con la música y una pareja, y promueve la salud y la longevidad, y hay una especie de propósito social en ello, en el hecho de dejarse llevar, para ser parte de un ritmo con uno mismo o con cientos de personas más. No es que no tenga objetivos, pero de alguna manera se centra más bien en el proceso y no en algo que llega al final. Watts no aboga aquí por el caos, por una vida sin estructura. Bailar es una disciplina, pero también se trata de dejarse llevar. Hacer el amor es bailar. Conversar es bailar. La jardinería es bailar. La paternidad es bailar. Diseñar un automóvil, o una ciudad, que lleve a una nación a la paz y la armonía. Ahora estamos llegando a alguna parte. Sin embargo, interrumpimos al Sr. Watts en pleno vuelo. Él no ha terminado. Ahora hace algo muy importante para la manera en que gestionamos nuestras vidas, especialmente para aquellos de nosotros que criamos niños. Describe el proceso de adoctrinamiento, de la hipnosis masiva de niños que tiene lugar a lo largo de su escolarización y progresión profesional, y sus terribles efectos.

Pero no vemos eso (la naturaleza lúdica de la existencia)
fomentado en nuestra educación.
Tenemos un sistema de escolarización que da una impresión
completamente diferente.
Todo está clasificado y lo que hacemos es poner al niño en el
pasillo de ese sistema de grados con una especie de «Vamos,
gatito, gatito».
Y vas al jardín de infancia, y eso es algo grandioso porque, cuando
lo terminas, entras a primer grado.
Luego, venga, el primer grado lleva al segundo grado y así
sucesivamente.
Y luego sales de la escuela primaria y entras a la escuela
secundaria.
La cosa se acelera, luego vas a la universidad…
Luego tienes la escuela de posgrado, y cuando terminas la escuela
de posgrado, sales a unirte al mundo.
Entonces te metes en ese lío de vender seguros.
Y tienen esa cuota que cumplir, y tú la cumples.

Y todo el tiempo te parece que eso está a punto de llegar, a punto, muy a punto.

El éxito por el que estás trabajando.

Entonces te despiertas un día, con unos cuarenta años, y dices: «Dios mío, he llegado. Estoy ahí». Y no te sientes muy diferente a como siempre te has sentido. Fijaos en la gente que vive solo para jubilarse, para guardar unos ahorros. Y luego, cuando tienen sesenta y cinco años, no les queda energía. Son más o menos impotentes. Y se pudren en una comunidad de ancianos. Porque simplemente nos engañamos a nosotros mismos todo el camino.

Si pensáramos en la vida como la analogía de un viaje, de una peregrinación, tendría un propósito serio en ese final, y la gracia sería llegar a esa cosa al final. Al éxito, o a lo que sea, o tal vez al cielo después de muerto.

Pero perdimos de vista el camino.

Era algo musical, y se suponía que debías cantar o bailar mientras sonaba la música.

Y así termina, con esa horrible aflicción, «mientras sonaba la música». Porque un día se detiene, y luego es demasiado tarde. Y darse cuenta de eso es lo más triste de toda la vida. Perseguimos las cosas equivocadas y, mientras lo hacíamos, las alegrías ordinarias pero maravillosas de nuestra vida (el sol, las flores, los animales, las parejas amorosas, los niños, los amigos, las playas) fueron ignoradas o relegadas a los espacios vacíos y a los pequeños destellos del día en que teníamos tiempo. Y desperdiciamos nuestras vidas.

Siéntate, durante un tiempo, y piensa en ese dolor. ¿Es tu caso? ¿El de personas que has conocido? ¿El de tus padres? ¿El de tus hijos mayores? ¿Es así para la raza humana entera? ¿Y cómo sería si cambiamos eso?

«¡Ja!», podrías exclamar. «Si todos fuéramos como hippies, y nadie hiciera el trabajo, y nadie excavara en busca de minerales, y nadie construyera ciudades, y nadie enseñara a los médicos o pilotara los aviones, ¿cuánto duraría entonces tu utopía? ¿Quién te daría de comer? Y eso es bastante cierto. No tenemos grandes manadas de animales para comer o vastos paisajes deshabitados por los que vagar como tenían nuestros antepasados cromañones.

Debemos guiar nuestra salida de los restos enredados de la civilización con enorme cuidado. Pero al menos podemos aliviar la carrera precipitada, la ilusión de que nos hará más felices o más seguros. Podemos alejarnos de los excesos de nuestra cultura y comenzar a vivir en sus márgenes, mientras exploramos mejores caminos. Y mientras lo hacemos, riamos al sol, y amemos y atesoremos lo que nos rodea.

Podemos mantener lo que es bueno y ajustarlo a algo que pueda durar. La nuestra es una civilización construida sobre el horrible caos y la sobrecarga. Estamos adormecidos, y nos conformamos.

Esto es lo que tu supersentido y tu mansión de cuatro plantas te dicen todo el tiempo: lo que realmente quieres, lo que realmente necesitas. Es un excelente sistema de orientación. Mientras escribía este libro, aplicándome sus lecciones a mí mismo, he dejado de sentir la necesidad de hacer muchas cosas. Ha sido un tiempo interesante. Lo que pasa es que a veces, siguiendo lo que mi cuerpo parece querer, me siento casi inmóvil en mi jardín por incontables períodos de tiempo, mirando los pájaros y el cielo. Sienta tan bien hacerlo que estoy asombrado. (Podría tomarme unas vacaciones al otro lado del mundo, escalar una montaña, visitar un lugar célebre y hermoso, todas actividades altamente aprobadas en esta cultura, y aun así no sentirme tan bien).

A veces camino, o hago ejercicio, no con ningún programa o rutina, sino simplemente porque es lo que tengo ganas de hacer en ese momento. Mis músculos parecen decirme: ¡utilízanos! El aire libre me llama. O el interior, un libro o un video. ¿Y adivinas qué? A veces, el impulso de escribir y volverme superproductivo, organizado y enérgico me domina, y trabajo duro hora tras hora, sin importar el tiempo. Eso es lo que está pasando mientras escribo esto. Es muy divertido. Espero que ayude a otras personas, pero al menos me ayuda a mí, y eso es un comienzo.

NO ESFORZARSE ES REALMENTE PRODUCTIVO

La experiencia de estar en el presente, incluso parte del tiempo, no es que encuentres que todo se detiene. Es como si de repente, ahora que no estás desdibujando tu vida con la velocidad, rozando la superficie de tu propia existencia, el presente se haya vuelto cinco veces más intenso. Es picante y dulce, y conmovedor pero alegre, todo al mismo tiempo. «En la quietud está el baile».

¿Recuerdas cuando te enamoraste por primera vez, la primera vez que realmente tocaste a alguien? Tal vez fue accidental, pero seguro que fue eléctrico. Eso fue porque estabas absolutamente «allí», no estabas pensando en nada más. Ese tipo de intensidad siempre está disponible para ti. Puedes estar enamorado de tu vida. Incluso el dolor de la vida sigue siendo vida, sigue siendo baile.

La quietud es como una fuente, las cosas pasan ahí. Annie Dillard escribió sobre ello desde otra dirección. Dijo que salieras y te sentaras en la naturaleza, que estuvieras en un lugar salvaje, porque siempre ocurre algo. Es la naturaleza de la creación seguir creando. Deja que te cree a ti también.

Abandonar la presión sobre ti mismo, o sobre tu hijo si eres padre, no conduce a la desintegración. De hecho, todo lo contrario: conduce a un tipo de equilibrio muy arraigado, creativo y saludable. La vida todavía se vive. Solo que en una mejor dirección. Te das cuenta de que todavía puedes tener intención y dirección, pero ya no son forzadas. Bailas con tu vida, y confías que dentro de ti, dentro de tus hijos, dentro de tu pareja, hay armonía y bondad. Algunos niños aprenden mejor sin ir a la escuela. Las plantas crecen sin que tiremos de sus hojas. Incluso unos pocos pasos en esa dirección restauran algo de cordura. De hecho, esa es la mejor manera de progresar.

Desconectarse de la historia destructora de la vida que te cuenta que «un día serás feliz» no es fácil, pero hay fuerzas de tu lado, porque sigues siendo un animal y un magnífico sistema cuerpo-mente trabaja para ayudarte. No es tanto un programa como una escucha profunda y un seguimiento a medida que tu propio cerebro, interactuando con el mundo que te rodea, comienza a integrarse.

Abandonar, sintonizar

Durante los confinamientos por el virus COVID en 2020 y 2021, cuando millones de personas tuvieron que encerrarse en casa, sucedió algo interesante. Aislados del ajetreo de la vida en el gran mundo, algunas personas pasaron dicho periodo de manera bastante agradable. Tuve noticia de ello cuando en Facebook pregunté a mis comunidades de padres de todo el mundo cómo les estaba yendo. Algunos pasaban un mal momento debido a las demandas de su trabajo y de los niños, y porque de alguna manera habían convertido su hogar en una aula ocho horas al día. Pero un número bastante grande descubrió que lo estaba disfrutando mucho. La vida era más lenta, su familia estaba más conectada y el tiempo parecía tener un ritmo y un flujo que normalmente no tenía.

Desconectarse de la historia destructora de la vida que te cuenta que «un día serás feliz» no es fácil, pero hay fuerzas de tu lado, porque sigues siendo un animal y un magnífico sistema cuerpo-mente trabaja para ayudarte.

La clave de este disfrute parecía estar en dejar de lado las presiones habituales, especialmente para que los hijos «salgan adelante», no «se queden atrás» o «permanezcan en la carrera». Las escuelas, las buenas, las valientes, también les decían esto a los padres: «El trabajo escolar no es tan importante en este momento», «Haced solo lo esencial, dales una hora a los niños, dos a los adolescentes». Comenzó un cierto cambio de actitud de que este dejarse ir podría ser mejor para la salud mental y el bienestar de todos, y que las cosas que se «aprendían sin aprender» eran más tangibles, más importantes que el trabajo habitual del plan de estudios. Cosas de la vida. Cosas que podrían ayudarles a tener buenas carreras, a ser adultos creativos y motivados. Todo era muy subversivo.

Una estrategia de autoayuda hoy en día, ampliamente utilizada, es llevar un diario de gratitud. Uno debe escribir (a regañadientes, estoy seguro) cinco cosas buenas por las que está agradecido al final de cada día, o al despertar por la mañana. Darte cuenta de lo que tienes, en lugar de lo que no tienes es plasticidad cerebral pura y simple y, si se hace con sinceridad, rápidamente te reconecta a una mejor perspectiva. (Esto es importante, en un mundo bombardeado por el marketing, que tiene como objetivo hacerte sentir miserable con lo que tienes mostrándote lo que no tienes. Te programa con el descontento, si lo permites). La felicidad es, después de todo, solo una emoción. La naturaleza misma de los sentimientos es flujo y reflujo. Y además, la felicidad llega por casualidad, tanto como por planes hechos o por condiciones controladas. Escuchas esto todo el tiempo: «Teníamos muy poco, pero nos divertíamos más cuando los niños eran pequeños», «Esa vez nuestros ahorros para las vacaciones acabaron pagando las facturas de la casa, así que tuvimos que improvisar». Las personas mayores lo tienen muy claro: «Yo era feliz entonces, y no lo sabía. Ojalá pudiera volver». Desde que aprendí esto, comencé a entrenarme para saber que soy feliz cuando realmente me está sucediendo, ¡esto es todo! Disfruto de la dicha, al pasear por un camino rural y el sol aparece de las nubes: cuando mi nieto corre por delante de mí por una loma abierta cubierta de hierba, con pájaros revoloteando por encima; o después de hacer el amor, cuando yazco inmóvil, con la piel hormigueándome y el corazón latiéndome con fuerza, mientras pienso: ¡vale, podría morirme ahora mismo! ¡Está todo perfecto! Tengo que ver al médico mañana, pero eso será mañana. Las sombras de nuestras vidas solo lo hacen más intenso. Olvídate de la perfección, ya que finalmente aprecias lo que es.

El dolor es parte de ello

Lo que nos lleva a la cuestión del dolor. ¿Cómo lidiamos con eso? Y, dado que no se puede evitar, ¿cómo podemos al menos no empeorarlo? En la década de 1970, dos maestros de meditación estadounidenses, Stephen y Ondrea Levine, hicieron algo asombroso. Crearon un servicio telefónico gratuito para personas en duelo traumático. Simplemente instalaron un teléfono y lo atendieron ellos mismos, como una forma de dar servicio al mundo. En su libro *Meetings at the Edge*, definieron el resultado de sus colaboraciones con sus interlocutores como «abrir el corazón en el infierno». Creyeron, y comprobaron que era cierto, que las circunstancias más hostiles y terribles eran precisamente el lugar donde había que abandonarse al llanto, sentir y soltar la rabia, estremecerse de miedo y salir por el otro lado, dispuestos a amar y a estar en paz. Dispuestos a utilizar la mansión de cuatro plantas, en otras palabras.

Una de las personas que llamaron era un padre cuya hija adulta joven había sido secuestrada, torturada y asesinada. Él y su esposa habían sufrido durante años después de aquello, revivieron los detalles de la muerte de su hija miles de veces. Sin embargo, poco a poco, hablando con los Levine (y sin que ellos se lo señalaran, lo que habría sido un terrible menosprecio de su dolor), se dieron cuenta de un hecho simple: que su hija había pasado por eso una sola vez. Era tan terrible como uno pudiera imaginar, pero era finito. Los buenos padres empatizan con sus hijos, nos ponemos en su lugar continuamente como parte de cómo los cuidamos. Era una trampa natural en la que caer. Habían quedado atrapados reviviendo sus últimas horas y minutos, creyendo de alguna manera que eso era lo que requería su amor por ella. No fue útil, no la honró, ella no hubiera querido eso. Empezaron a deshacer las ataduras y el duelo para poder recordarla feliz, cálida y viva.

Todos experimentaremos un dolor emocional intenso muchas veces mientras hacemos el viaje desde el nacimiento hasta la muerte. Para tener felicidad y alegría, también debemos tener dolor y tristeza. Si nos negamos obstinadamente a hacer el duelo, simplemente nos deprimimos.

El duelo en sí sigue este patrón de ondas. Estamos diseñados para vivirlo en partes manejables. Muchos de mis clientes lo han descrito. Devastados por la pérdida, después de una semana o un mes, se ríen de una broma o disfrutan de algún regalo recibido o de una experiencia que les ha ocurrido. Y de repente piensan: «¿Esto está bien? ¿Se me permite reír? ¿Puedo sentirme feliz por un momento?». No solo está permitido, sino que es la única forma de sanar. Todo lo que hay que hacer es subir y bajar sobre esa ola. Como describe el psicoterapeuta Sheldon Kopp, «Le preguntamos a Dios: ¿por qué a mí? Y Dios responde: "¿por qué no?". Y, un poco más tarde, dice: "Puedes soportarlo"».

EL PROM Y EL SEÑOR CALDWELL

Cuando estaba en la escuela, en noveno curso, llegó un profesor de matemáticas nuevo, recién graduado. El Sr. Caldwell era un tipo ingenioso, de aspecto severo, pero con un gran sentido de la diversión justo por debajo de la superficie, y para nuestro deleite, también le asignaron la tutoría de nuestra clase.

En la primera asamblea, anunció que, cada semana, se le pediría a uno de nosotros que contara la historia de su vida a la clase. Y lo hicimos. Fue una revelación escuchar a niños con los que te habías sentado al lado la mitad de tu vida contándote cosas que nunca habías oído. ¡Empezamos a vernos como personas!

Eso fue solo el comienzo. Envió una carta a las casas de todos, en la que decía que vendría a visitarnos a los treinta y cinco y hablaría con nuestros padres sobre nuestros planes futuros. (Se corrió el rumor de que, con la visita inminente del Sr. Caldwell, algunas personas redecoraron su sala de estar o compraron muebles nuevos). Luego evaluó el coeficiente intelectual de toda la clase en masa, y esto fue lo que llevó consigo para mostrar a los padres. En aquellos días, la mayoría de los niños dejaban la escuela a los catorce años, y aquella era una escuela muy de clase trabajadora. Armado con las cifras para probarlo, sermoneó a los padres que su hija o hijo era idóneo para la universidad y que no debían ponerle trabas. Podría ser médico o abogado. Esto fue algo valiente, inaudito, de verdad. Se cambiaron vidas.

Una vez, más tarde ese mismo año, algunos de mis amigos dijeron que iban a visitarlo a su casa y yo me apunté. Llegamos en nuestras bicicletas y, para nuestro asombro, encontramos allí a varios de los niños que solían tener problemas en clase (era un sábado por la mañana), haciendo los deberes, como si fuera la cosa más natural del mundo. La señora Caldwell, una joven relajada y con aspecto de artista, nos sirvió chocolate caliente. Nunca antes habíamos visto la casa de un maestro por dentro, era muy vanguardista; ¡un vistazo al dormitorio principal reveló la pintura de un desnudo sobre la cama!

Sin detenernos en eso, se anunció a mediados de año que asistiríamos a un campamento educativo en Wilson's Promontory (o Prom, como lo llamábamos) un parque nacional del que solo habíamos oído hablar por las leyendas surferas. Nadie hacía campamentos educativos en aquellos días, nunca habíamos oído hablar de la idea. Un coche lleno de críos fue con el Sr. Caldwell a examinarlo, en un largo día de viaje. Y yo fui uno de los tres invitados que se apiñaron en su Mini Minor. El chico menos extrovertido y menos sociable de la clase. Significó mucho para mí.

Wilsons Promontory se convertiría en mi hogar espiritual, a medida que la vida se abrió en la adolescencia tardía, cuando encontré a mi tribu: un montón de amigos que peregrinaban allí muchas veces, tanto en invierno como en verano, a bordo de sus furgonetas Volkswagen. Amplias playas, colinas onduladas cubiertas de brezales y picos de granito que escalar, siempre a la vista del mar. Era un lugar en el que te dabas cuenta de que pertenecías al mundo. Pasamos la luna de miel allí.

En 2015 volví allí, a propósito, después de muchas décadas de distancia. Fue una peregrinación. La noche antes de llegar, me quedé en una cabaña cerca de la entrada del parque, tomándome las cosas con calma para absorber las emociones de volver a casa, a un lugar sagrado. A la mañana siguiente, me dirigí al parque en un coche alquilado con la radio encendida. Estaba seleccionada la radio ABC y escuché que entrevistaban a un hombre sobre el liderazgo escolar. Lo supe antes de que lo confirmaran al final de la entrevista. Era Brian Caldwell. Ahora profesor de educación. Llevándome de vuelta al Prom.

Nos necesitamos el uno al otro

Los libros de autoayuda a menudo cometen el error (el engaño, en realidad) de que podemos hacerlo todo por nuestra cuenta. Pero nunca fue así como se diseñaron los seres humanos. Somos un clan, no un individuo; un ser humano solitario no es una unidad funcional.

A veces, de hecho, sorprendentemente a menudo, el dolor de la vida es demasiado para enfrentarse solo a él. Es el niño que llevamos dentro el que siente las cosas, y todo niño necesita a alguien tranquilo y fuerte que lo cuide y lo apoye en los peores momentos. Necesitamos a las personas, y eso significa poder y estar dispuesto a confiar en al menos a un par que puedan «aguantar» la cantidad de sentimientos que uno tiene, no entrar en pánico y no sentirse tan desconcertados que deban poner barreras o distancia.

Ninguna capacitación académica en psicología puede darte esa habilidad. Pero la vida ciertamente puede. Solía decirles a mis alumnos: «A menos que hayas sufrido, no eres de mucha utilidad para nadie». Tienes que saber desde dentro cómo es el verdadero dolor. (Muchos especialistas médicos con los que nos hemos encontrado parecen carecer de este ingrediente vital en su formación, lo que los vuelve despiadados y arrogantes, y son para sus pacientes un calvario deshumanizado, traumático en sí mismo). La vida es dura. La idea de que un día todo estará bien a menudo no es así, y debemos acostumbrarnos a esa posibilidad y aun así ser capaces de reír y amar a pesar de ello.

Un famoso oficial naval estadounidense, James Stockdale, fue encarcelado y torturado durante más de siete años por los norvietnamitas antes de ser liberado por fin. James descubrió la paradoja de que a sus compañeros de prisión, que sostenían el punto de vista de que «todo saldrá bien», «estaremos fuera de aquí para Navidad o Semana Santa», no les fue nada bien. Cuando pasaron esas fechas, perdieron la esperanza y, dadas las terribles condiciones que debían soportar, a menudo morían. James mantuvo en su mente la posibilidad de que nunca fuera liberado. Sin embargo, no renunció a la voluntad de sobrevivir y a trabajar por ello. Se negó a dejar que otras personas determinaran su estado de ánimo. Hoy todavía sigue vivo.

> *Para tener felicidad y alegría, también debemos tener dolor y tristeza. Si nos negamos obstinadamente a afligirnos, simplemente nos deprimimos.*

Seguir las ideas de este libro puede marcar una gran diferencia en tu vida, pero ¿acabará con tus problemas? Probablemente no. (Quizá tengas más problemas que valga la pena superar). Cuanto más ames, más te afligirás. La pregunta es: ¿puedes vivir con un corazón abierto, aunque lo sepas? Si puedes, experimentarás mucha alegría. Es la manera en que estamos hechos. La mansión de cuatro plantas te llevará allí. Solo muévete.

Muévete. Mira si puedes, mientras caminas por el viaje de tus días, estar en tu cuerpo. Escucha esas microsensaciones que son tus reacciones, tus sentimientos, ante todo lo que te rodea. Deja que tu corazón experimente las profundidades del dolor y la pena, tiembla de miedo a veces y déjalo ir. Siente la furia justiciera, luego condúcela en una acción resuelta y paciente. Atrévete a ser feliz y festéjalo durante un tiempo. Piensa claro y bien. Sigue notando que eres un hermano o hermana para todos los seres vivos: te aman y son tú. Las estrellas te trajeron y se te llevarán de vuelta. Todos somos el viento en la hierba, ni más ni menos. Y eso es lo más hermoso.

Sobre el autor,
por si quieres saber más

Cuando comienzas a leer un libro, ocurre un proceso silencioso en tu mente. Una parte de tu cerebro trata de imaginar al autor, de «descifrarlo». ¿Es alguien lo suficientemente sabio como para aprender de él? ¿Está bien motivado y es auténtico, o simplemente «quiere ganar dinero»? Un libro es una especie de conversación, y quieres saber con quién estás hablando. Así que aquí va...

Soy esposo, papá y abuelo. Durante muchos años trabajé por todo el mundo, pero mi hogar es una pequeña comunidad en la isla de Tasmania. Para un lector británico, vivir en Tassie, como la llamamos, es como estar en la década de 1950, pero con feminismo e Internet, ¡así que es un lugar bastante bueno! Es tranquilo y lento, y yo también. Estoy agradecido de vivir donde puedo nadar en el océano y estar bajo grandes cielos.

Fui psicólogo durante más de cuarenta años, trabajé con personas en circunstancias a veces terribles. Lo principal que me he llevado de ese trabajo es la admiración por mis semejantes, verlos superar el trauma y el sufrimiento, y aun así ser bondadosos y no darse por vencidos.

Mi trabajo me ha puesto furioso ante la estupidez del mundo, ya que de eso es de lo que proviene la mayoría de los males, pero también he aprendido a mantenerme firme en la alegría y la belleza que contiene ese mismo mundo para continuar la lucha. En mi vida profesional y personal, he aprendido que el trauma puede destruirnos y convertirnos en destructores de los demás. Pero también puede abrirnos, «abrir nuestros corazones en el infierno» para que seamos más amorosos y vitales. Aquellos que han superado muchas dificultades son a menudo los que ven la verdad y no tienen miedo de decirla. Hace poco reprendí a nuestro Primer Ministro (australiano) en la prensa nacional.[9] Causó algunas olas, pero esta es tarea de personas mayores. Tienes que vivir tus valores.

Hay algo más que debes saber. Hace varias décadas, estaba hablando con un amigo psiquiatra durante el almuerzo y, en medio de la conversación, me hizo una serie de preguntas. Entonces una mirada de preocupación apareció en su rostro. «Sabes que tienes Asperger, ¿verdad?», me dijo. Y una avalancha silenciosa comenzó a descender a través de mis bancos de memoria.

En mi infancia en la década de 1950 en la ventosa costa de Yorkshire, era un trastorno que nadie conocía. ¡Yo solo pensaba que era tímido! Cuando tenía cinco años, en mi primer día de clases, decidí que la educación no era para mí, salí por la puerta de la escuela y me fui a casa. La expresión en el rostro de mi madre mientras entraba por la puerta era algo digno de ver.

La niñez no es tan complicada: jugar, gritar y correr, y en ese entonces amaba mi vida. Pero, en la adolescencia, las habilidades sociales importaban más, y simplemente no conseguía relacionarme bien con la gente. Podía ver a todos participando en esa cosa llamada «conversación», y parecía divertido. A esa edad, las chicas de la escuela eran como diosas: una sonrisa por parte de una de ellas realmente podía iluminarte el día. Pero todos los intentos de conectarme con ellos eran infructuosos. (Más tarde, cuando parecía gustar a las chicas, simplemente no podía leer sus señales, ¡y me perdí los besos de algunas muy agradables!).

---

9. Biddulph, Steve: «Morrison a "bad dad" for denigrating young climate protesters», *Sydney Morning Herald*, 1 de octubre de 2019: https://www.smh.com.au/national/morrison-a-bad-dad-para-denigrar-jóvenes-manifestantes-climáticos-20190930-p52w63.html

La vida podría haberme ido mal, como les pasa a muchos hombres jóvenes, pero dos cosas lo evitaron: fui criado por padres amables y amorosos, aunque algo desconcertados, y tuve algunos maestros excepcionales, asistentes sociales y otras personas que vieron que tenía un buen corazón, e hicieron todo lo posible para ayudarme. Cuando parecía que me quedaría sin hogar, me encontraron un lugar donde vivir y luego me encontraron un trabajo, ¡increíblemente, con niños con problemas! Inspirado por eso, regresé a mis estudios y me convertí en psicólogo. Si tú, querido lector, eres maestro o trabajador social que se preocupa por los jóvenes que no encajan, entonces eres de los míos.

La psicología es una buena carrera si no puedes relacionarte con los seres humanos. Con el tiempo, finalmente aprendí lo que la mayoría de la gente parecía saber instintivamente: que la conversación sigue reglas, como el ping-pong o el tenis, va y viene. Dices algo y luego esperas a que la otra persona te responda. ¡Yo no sabía eso! (Las personas con Asperger a menudo sienten que se abre un espacio en la conversación, se sienten aterrorizadas y luego hablan y hablan y hablan para llenarlo). Y hay cosas llamadas emociones: se muestran en los rostros de las personas y te brindan información sobre el estado en que se encuentran y cómo es posible que desees responder. (No solo las personas autistas tienen problemas con esto).

Sabía que debía aprender, y rápido, porque todos los días en nuestra sala de espera había familias con verdadero dolor y niños cuyas vidas no iban por buen camino. Busqué a las mejores personas en el mundo de la terapia, y mientras mis amigos compraban casas y coches, viajé repetidamente por todo el mundo para sentarme a los pies de los maestros. Descubrí que podía remedar en mis propios tendones, huesos y cerebro las actitudes y formas de estar con la gente de estos soberbios seres humanos. Ni siquiera lo entendía, pero podía hacerlo.

Encontrar las piezas faltantes de cómo ser completamente humano pareció desatar algo en mí. Por favor, no lo entiendas como un acto de vanidad, no me vanaglorio por eso, pero hoy puedo ponerme frente a mil personas en un auditorio y mantenerlos hechizados, y, de hecho, eso mismo se convirtió en mi trabajo principal. La media docena de libros que he escrito están en cuatro millones de hogares y parece que a la gente le encantan. He pasado de ser un extraño solitario a alguien bastante capaz (aunque solo en partes de mi vida, otras todavía me resultan bastante difíciles).

Estaba convencido de que las personas no deberían tener que esperar hasta sentir un dolor real, que gran parte de lo que estábamos aprendiendo con las familias podría enseñarse antes de que los matrimonios se derrumbaran o los niños se descarrilaran.

La combinación de escribir y hacer presentaciones en vivo me llevó a muchos países y conocí a personas de muchas culturas, desde cazadores-recolectores hasta urbanitas multimillonarios, en la peor de las tragedias y a los triunfadores más inspiradores. Los temas que me interesaban podían estar relacionados con todos ellos. Me encantaba escuchar y aprender. Yo era todo lo contrario a un experto. Y así se podía hacer una conexión real. ¡Tuve un problema recurrente con los taxistas que se echaban a llorar!

Mi vida en estos días tiene un nuevo tipo de libertad. Aunque está algo ensombrecida por la proximidad de la enfermedad y de la muerte. Esa sombra es tonificante. El verano pasado, navegué en kayak por los meandros de un río embravecido y vi delante de mí un árbol caído que bloqueaba el recorrido. Traté frenéticamente de alejarme, pero la corriente era demasiado fuerte y mi kayak golpeó el costado del tronco. En cuestión de segundos, fui succionado bajo el agua, y tuve que agarrarme a las ramas para salir a la superficie. Sucedió demasiado rápido para que me asustara; aunque eso ocurrió después.

De rodillas en un claro del bosque, empapado hasta los huesos, tratando de abrirme paso entre los densos matorrales para poder caminar hasta una carretera y llegar a casa. Sabía que necesitaba pensar con calma, dejé que mi cuerpo se estremeciera para liberar la tensión de haber estado a punto de ahogarme. Mi vida desde ese día tiene un enfoque que antes no tenía.

Este libro, planificado a lo largo de muchos años, marca un cambio en la escritura de libros sobre la crianza de los hijos. Reúne toda una vida de aprendizaje como terapeuta, junto con los nuevos conocimientos de la neurociencia, en un enfoque fácil y comprensible para estar más vivo, para las personas que he visto y que me importan durante todos estos años, que merecen una vida plena y feliz, pero tan rara vez tienen esa oportunidad.

Este libro es mi intento, mientras mi cerebro aún funciona, de lanzar un salvavidas a la comunidad humana que tanto amo y que tanto deseo que prospere después de que me haya ido. En realidad es mi intento personal de ayudar a salvar el mundo.

Steve Biddulph

Fuentes para profesionales y muy entusiastas

La ciencia del supersentido se analiza de manera hermosa en Hodgkinson, Langan-Fox y Sadler-Smith: «Intuition: A Fundamental Bridging Construct in the Behavioural Sciences», de 2008. Evans y Stanovich brindan una revisión adicional de la evidencia en *Dual-Process Theories of Higher Cognition: Advancing the Debate*, de 2013. Cada uno de ellos contiene citas que conducen a cientos de estudios sobre la capacidad del cerebro para trabajar a la velocidad del rayo fuera del pensamiento consciente.

El reconocido dios de la neurociencia, especialmente donde se cruza con el desarrollo infantil y la teoría del apego, el profesor Allan Schore (quien ha sido citado, según Google Scholar, en otras 20.000 publicaciones), describe la adquisición y el procesamiento de las sensaciones viscerales como algo central para el funcionamiento humano. El libro de Schore, *Affect Regulation and the Origin of the Self: The Neurobiology of Emotional Development*, de 1994, sigue siendo la síntesis más lúcida y asombrosa de todo lo que sabemos acerca de cómo estamos compuestos, funcional y estructuralmente, a través de la interacción de la crianza de los hijos y nuestra mente en crecimiento.

Desde un barrio completamente diferente llega Eugene Gendlin, cuyo millón de ventas de *Focusing*, de 1982, rompió la historia sobre esta nueva capa de ser y aprender, por debajo de nuestras emociones. Gendlin es profesor de filosofía además de psicoterapeuta, y para él la cuestión mente-cuerpo nunca existió. Es todo uno. El sencillo manual de Ann Weiser Cornell, *The Power of Focusing*, de 1996, es un delicioso libro de trabajo para la autoterapia o para los terapeutas que desean profundizar mucho en lo que hacen.

Tanto Gendlin como Weiser Cornell, y otros maestros del *Focusing*, se pueden encontrar en YouTube, y enseguida te darás cuenta de que hay algo muy especial en ellos, que de hecho es la prueba de los potenciales humanos superiores que vienen con ese nivel de autoconocimiento. Son amorosos, se toman a sí mismos a la ligera y son profundamente capaces de conectarse.

Los mandatos que surgen de las infancias traumáticas o incluso normales en nuestra cultura fueron descritos con todo detalle por mis propios maestros del Instituto Occidental de Terapia de Grupo y Familia, Bob y Mary Goulding, en *Changing Lives Through Redecision Therapy*, de 1997. La redecisión es la consecuencia madura y racional de la terapia Gestalt, pero no pierde nada de su inmediatez y energía, ni su capacidad para reconfigurar neuralmente el aprendizaje infantil traumático. La lista de mandatos en el texto principal está incompleta: algunos más graves estaban más allá del alcance de los entornos de autoayuda. Pero se anima a los terapeutas a leer la lista completa en los propios libros de los Goulding, diseñados para uso profesional.

Escritores tan variados como Robert Bly y James Hillman, tan lejanos como Carl Jung y tan vibrantes como Clarissa Pinkola Estés, se han quejado de la menguante interioridad de los humanos modernos: la sabiduría y el autoconocimiento de nuestros propios procesos internos. Al leerlos queda claro que no solo tenemos un niño interior, sino un jaguar interior o un oso pardo (¡o un hámster!), que se estremece con vitalidad y una percepción hipersensible de nuestro entorno, integrando y sabiendo cien veces más lo que nuestra mente consciente puede llegar a manejar. Y eso es solo la planta baja. La falta de interioridad es desastrosa para el buen funcionamiento, nos volvemos robóticos, un caos de apetitos e inseguridades. El cuadragésimo quinto presidente de los EE.UU. brindó un instructivo escenario del peor de los casos.

Sin embargo, a pesar de esto, todos reconocemos la sabiduría y la autenticidad cuando las vemos, y en realidad no es tan difícil revivirlas. Vivir en el presente está maravillosamente argumentado por Alan Watts en *La sabiduría de la inseguridad*, cuyo original en inglés se publicó en 1951. Curiosamente, describió los últimos años de la década de 1940 como una era de ansiedad; Dios sabe lo que habría pensado de la década de 2020. El libro de Thich Nhat Hanh *El arte de vivir* ha sido mi fuente favorita por sus ideas transformadoras para el activismo basado en el olvido de uno mismo. He aquí solo una cita: «La felicidad y la paz nacen de la transformación del sufrimiento y del dolor». La naturaleza dinámica de las emociones, cómo es que en su movimiento encontramos alegría y en su sanación encontramos propósito, es por supuesto el mensaje de Buda. Y el mensaje de Jesús (en su época muy radical) fue que estamos en esta vida el uno para el otro y, en el mordaz título de la autobiografía de Mary Robinson, *Todos importan* (*Everybody Matters: A Memoir*, 2013).

Bibliografía

Bly, R.: *A Little Book on the Human Shadow*, Harper Collins, Nueva York, 1988.

Cornell, Ann Weiser: *The Power of Focusing: A Practical Guide to Emotional Self-Healing*, New Harbinger Publications, Oakland, CA, 1996.

Evans, B. y Stanovich, K. E.: «Dual-Process Theories of Higher Cognition: Advancing the Debate», *Perspectives on Psychological Science*, Vol. 8, N.º 3, 2013, p. 223.

Gendlin, E.: *Focusing*, Bantam Books, Nueva York, 1978.

Goulding, R. y M.: *Changing Lives Through Redecision Therapy*, Grove Atlantic, Nueva York, 1997.

Greig, A.: *At the Loch of the Green Corrie*, Quercus, Londres, 2010.

Hanh, T. H.: *The Art of Living*, Rider, Londres, 2017.

Hillman, J. y Ventura, M.: *We've Had a Hundred Years of Psychotherapy and the World's Getting Worse*, HarperCollins, Nueva York, 1992.

Hodgkinson, G. P., Langan-Fox, J., Sadler–Smith, E.: «Intuition: A fundamental bridging construct in the behavioural sciences», *British Journal of Psychology*, Vol. 99, N.º 1, 2008, pp. 1–27.

Jockelson, D.: davidjockelson.com

Matthiessen, P.: *El leopardo de las nieves*, Siruela, Madrid,2018.

Payne, K. J. y Ross, L. M.: *Simplicity Parenting*, Ballantine Books, 2009.

Pinkola Estés, C., *Mujeres que corren con los lobos*, Zeta Bolsillo, 2005.

Robinson, M.: *Everybody Matters*, Hodder and Stoughton, Londres, 2012.

Schore, A.: *Affect Regulation and the Origin of the Self*, Lawrence Erlbaum, Hillsdale, NJ, 1994.

Watts, A.: *The Wisdom of Insecurity*, Vintage, Nueva York, 2011 (originalmente publicado por Pantheon Books, Nueva York, 1951).

Agradecimientos

En primer lugar, doy las gracias a Carole Tonkinson, editora de Bluebird Books, que ha sido casi coautora de la obra. Carole conoce profundamente este tema y entendió el alcance de lo que estaba intentando. Nunca me metió prisas. Y, en un elegante café de Londres, pronunció esas palabras que todos los autores anhelan escuchar: «¡Escribe lo que quieras!».

Shaaron Biddulph se entreteje inextricablemente en todo lo que hago. Ella está conmigo desde el principio, y encarna y alienta la humanidad plena. Dios te bendiga, Shaaron.

Sean Doyle, de Lynk Manuscript Services, me ayudó con la estructura desde el principio y también es un estudiante, de largo recorrido, de la espiritualidad y del crecimiento humano. El libro es más ligero y más claro gracias a su ayuda y su aliento.

Alison Howard, Di Davies, Neil Shillito y Dean Yates leyeron las primeras versiones y brindaron una gran ayuda desde su propio pensamiento profundo sobre la vida y el sufrimiento, la alegría y el crecimiento.

Ari Biddulph proporcionó una investigación rápida y agudamente evaluada, en diversos campos del conocimiento, con humor y comentarios perspicaces añadidos. También es un ser humano muy inspirador y valiente.

Hockley Spare fue un editor cuidadoso y comprensivo, con quien fue un placer trabajar. Ingrid Ohlsson es mi enérgica editora australiana en Pan Macmillan. Las personas que trabajan en imprentas, recicladores de papel, camioneros, contables, publicistas y libreros suelen pasar desapercibidos, pero no para mí. Gracias por hacer posible todos los libros.

Lyn Edwards enderezó mi cuerpo y agregó años a mi vida. No puedo exagerar la importancia que eso tiene.

Helen Cushing me enseñó sobre los tres estados mentales y mucho sobre la meditación. Los libros de Eric Harrison también ayudaron mucho.

Nunca conocí a Helen Garner, pero su narración, por su nitidez, compasión y capacidad para nunca consolarse con los juicios, ha influido en todos los escritores australianos que se precien.

Durante cuarenta años seguí mi supersentido que me decía que faltaba algo en la psicología humana y en la visión occidental de la mente. Cuando por fin encontré ese pozo de agua en el desierto, el espíritu de Eugene Gendlin estaba sentado allí con su mirada cálida y su aguda inteligencia. Así, le doy las gracias a él y a toda la tradición de la psicología humanista, solidaria y relacional, que una vez más se levanta para salvarnos de la maquinaria de la perdición.

Christine y Steve Howard, Tidal River Beach, 2010.